www.ingramcontent.com/pod-product-compliance
Lightning Source LLC
Chambersburg PA
CBHW050544160726
48003CB00002B/751

العبور من اللعنة إلى البركة

ديريك برنس

العبور من اللعنة إلى البركة

Originally published in English under the title
How To Pass From Curse To Blessing

المـــؤلـــــف :	ديريك برنس
النـــاشـــــر :	المؤسسة الدولية للخدمات الاعلامية ت: ٩٨٨٩ ٨٥٥ ١٠٠ ٢٠+
المطبعـــــــة :	مطبعة سان مارك ت: ٢٣٣٧٤١٢٨ ٢٠٢+
التجهيـز الفنـي :	جي سي سنتر ت: ٢٦٣٧٣٦٨٦ ٢٠٢+
الموقع الالكتروني :	www.dpmarabic.com
البريـد الالكتروني :	info@dpm.name
رقـــم الايـــداع :	٢٠١٤/٣١٨٦
التـرقيـم الدولـي :	978 - 977 - 6194 - 28 - 1

جميع حقوق الطبع في النسخة العربية محفوظة ©
للمؤسسة الدولية للخدمات الإعلامية
ولا يجوز إستخدام أو إقتباس أي جزء أو رسومات توضيحية
من الواردة في هذا الكتاب
بأي شكل من الأشكال إلا بإذن مسبق من الناشر

المحتويات

مقدمـــة ٥

القسم الأول: حقيقة البركات واللعنات ٧

الفصــل الأول : كيـف غيـر الله تفكيـرى ٩

الفصــل الثانى : كيف تعمل البـركات واللعنات ١٧

القسم الثاني: مصدر اللعنات ٢٧

الفصل الثالـث : الله مصدر للقضاء (أي اللعنة) ٢٩

الفصل الرابـع : اللعنات من شخصيات لها سلطة ٤٩

الفصل الخامس : لعنات ننطقها على ذواتنا وكلمات نفسانية . ٦١

الفصل السادس : سبعة مؤشرات لوجود اللعنة ٧٥

القسم الثالث: كيف تكون حراً ٨١

الفصل السابع : التبادل الإلهي ٨٣

الفصل الثامـن : سبعة خطوات للتحرر ٩١

الفصل التاسـع : من الظلمات إلى النور ٩٩

نبذة عن حياة الكاتب ١٠٨

مقـدمـة

بينما كنت أسافر وأخـدم في أنحاء كثيرة من العالم، لاحظت أن هناك نوعان من ردود الأفعال الرئيسية للظواهر الخارقة للطبيعة . ولقد تأثر العالم الغربي لفترة طويلة بالنهج العقلاني والعلمي لدرجة أن معظم الناس يجدون صعوبة في قبول أي شيء يتجاوز ما يمكن إستقباله عن طريق الحواس الخمس . إنها فكرة غير مألوفة للكثيرين أن هناك بعداً خارقاً يمكن أن يؤثر على حياتهم اليومية للخير أو للشر .

ومن ناحية أخرى ، في كل مكان تقريباً في العالم غير الغربي ، سواء كان ذلك في المدن الكبيرة أو القرى الريفية ، فإن الغالبية العظمى من الناس يدركون جيداً أن وجود البعد الخارق ليس مجرد نظرية . وفي حين أن هذا الوعي هو أفضل من الجهل ، لأن كثيرين ما زالوا يعيشون في خوف من الإضطرار إلى التعامل اليومي مع هذه الحقائق بمعنى

إيجابي. وهذا يمكن أن يعني أيضاً، أن مثل هؤلاء الناس هم أيضاً منفتحون جداً لقوة الله التي تحرر من العبودية.

وأعتقد أن هذه الرسالة عن كيفية العبور من اللعنة إلى البركة، ستكون بمثابة عوناً كبيراً لكثيرين، أينما كانوا ومهما كانت خلفياتهم. لقد ثبت ذلك على مدى سنوات عديدة. هذه الرسالة لديها القدرة على تغيير حياة الناس والمجتمعات، والكنائس، وحتى دول بأكملها.

وأعتقد أن هناك الكثير من الناس الذين يصارعون شيئاً ما في حياتهم، إنهم لا يفهمون تماماً، وفي كل مرة يكونون على وشك النجاح، تتعقد الأمور وتمنعهم من النجاح. هناك شيء يوقفهم عن أن يكونوا شخصيات كاملة حرة، قادرة على خدمة الرب بإنتصار كما كانوا يريدون. إنهم لم يشخصوا أبداً، عن ماذا يحدث معهم، ولكنني أعتقد أن المشكلة إنهم يصارعون بسبب أن هناك لعنة على حياتهم.

هذا الكتاب يوضح لنا من خلال الكتاب المقدس، كيف تعمل اللعنات؟ وما هو مصدرها؟ وكيف يمكن للناس التحرر منها تماماً؟ ليكونوا قادرين على التمتع بملء البركة التي يريديها الله دائماً لهم.

القسم الأول
حقيقة البركات واللعنات

هل تشعر دائماً بالإحباط بسبب المرض، أو الضغوط المالية أو العلاقات المتوترة؟ هل تقع لك ولعائلتك حوادث بشكل منتظم؟ هل تتساءل لماذا يبدو أن بعض الناس يحصلون على أكثر مما يستحقونه من النجاح والإنجاز؟

أعتقد أن هناك قوتين تعملان في الحياة: "البركات واللعنات". واحدة مفيدة، والأخرى ضارة. ولكي نتمتع ببركات الله وننال الحماية من اللعنات، نحن بحاجة إلى فهم كيفية عمل هاتين القوتين.

اللعنة ليست خرافة من العصور المظلمة. وسوف أعتمد على تجارب الحياة الواقعية لأناس أدهشهم إكتشاف إنهم ليسوا ضحايا الصدفة أو حتى الوراثة. يمكنك وصف اللعنة بإعتبارها ذراع شر طويلة تقع عليك، بقوة قاتمة مظلمة تمنعك من التعبير الكامل عن شخصيتك. وقد يكون مصدر تلك القوة في حياتك أو مصدرها يرجع إلى الجيل السابق.

الفصل الأول
كيف غيّر الله تفكيري

لم أكن دائماً على يقين كما أنا الآن بشأن حقيقة البركات واللعنات. كنت أعرف إنها مفاهيم كتابية، ولكن لم أكن على علم تام بأهميتها. لقد إستخدم الله حادثة وقعت ليِّ منذ بضع سنوات ليغير تفكيري.

كنت قد إنتهيت للتو من الوعظ في إحدى الكنائس في أمريكا. وقد لاحظت وجود عائلة مكونة من الأب والأم والأبنة الشابة. فبدأ الروح القدس يقول ليِّ: "أن هناك لعنة على تلك الأسرة". لم يكن هناك سبب طبيعي يدعو لهذا التفكير، حتى ذهبت إلى الأب وقلت له: "لقد أظهر الله ليِّ أن هناك لعنة على عائلتك. هل تريد مني أن أصلي وأكسر تلك اللعنة وأحررك منها في إسم يسوع؟". فقال على الفور: "نعم".

صليت صلاة قصيرة وبسيطة. وعلى الرغم من إنني لم أضع يدى على أي منهم، إلا إنه كان هناك رد فعل جسدي واضح في كل منهم عندما أبطلت هذه اللعنة. ثم لاحظت أن ساق الأبنة الأيسر موضوع في جبيرة من فوق الفخذ إلى أسفل القدم. فسألت الأب: "هل تريد مني أن أصلي من أجل شفاء ابنتك؟" فقال: "نعم، ولكن عليك أن تعرف إنها قد كسرت ثلاث مرات خلال الأشهر الثمانية عشر الماضية، ويقول الأطباء إنها لن تلتئم".

اليوم إذا سمعت شيئاً من هذا القبيل، سأعرف أن هناك لعنة على تلك الأسرة. صليت صلاة بسيطة. وبعد ذلك بوقت قصير، كتبت لي الأم تشكرني على ما حدث. وقالت إنهم عندما عادوا إلى العيادة، أظهرت الأشعة السينية أن إبنتها قد شُفيت، وتخلصت سريعاً من الجبيرة.

وأنا أتأمل في هذه التجربة، أدركت أن الله قد أراني بأن هناك لعنة على تلك الأسرة، وقادني لكسر هذه اللعنة قبل أن يسمح لي أن أصلي من أجل شفاء الأبنة. لماذا؟

وكان إستنتاجي أن الأبنة لا يمكن أن تشفى قبل أن تتحرر من اللعنة أولاً . وبعبارة أخرى ، كانت اللعنة عائقاً وحاجزاً غير مرئي ، منعها من التمتع بالبركات التي أراد الله لها أن تحصل عليها .

ثم بدأ الله للتعامل معي حول هذا الموضوع "اللعنات والبركات" . وكنت مندهشاً من كم المعلومات الموجودة فى الكتاب المقدس بشأن هذا الموضوع . ومع إنه بصفة عامة ، نادراً ما كان يذكر في العظات .

لقد وقعت ليِّ حادثة شخصية ، أكدت ليِّ حقيقة ذلك العالم الغير المرئي . ففي عام ١٩٠٤ كان واحد من أجدادي قد قاد قوة عسكرية بريطانية أُرسلت إلى الصين ، لقمع تمرد إحدى المجموعات السرية . وقد عاد ببعض القطع من الفن الصيني الذي أصبح على مر السنين ميراثاً للأسرة . وبعد وفاة والدتي إنتقلت ملكية بعض من تلك القطع الأثرية ليِّ .

كان من أكثر القطع جذباً للإنتباه ، مجموعة من أربعة تنانين مطرزة بشكل جميل ، قمنا بتعليقها على جدار غرفة المعيشة . ومنذ ذلك الوقت بدأت أشعر بأن هناك شيء ما يقاوم خدمتي ، إلا إني لم أكن قادراً على تحديد مصدره .

وقد ظهرت تلك المقاومة في أشكال مختلفة، مثل الإحباطات والعوائق المالية ومشاكل في التواصل.

وأخيراً وبعد فترة مُكثفة من الصلاة والصوم، بدأت ألاحظ تغييراً في موقفي تجاه التنانين المعلقة على الجدار. فسألت نفسي، إلى من يرمز التنين في الكتاب المقدس؟ وكانت الإجابة واضحة، إنه الشيطان. بعدها بدأت أدرك كيف إنه كان من غير اللائق لي أن أحتفظ بمثل هذه الأشياء عندي على الحائط في البيت، وهكذا وفي النهاية وبشيء بسيط من الطاعة، تخلصت من هذه التنانين.

في الأشهر التي تلت ذلك الحدث، حدث معي أمر مثير، فلقد حدث تحسن كبير في أحوالي المالية. وبينما أنا أتأمل فيما حدث معي، إستقبلت رؤية جديدة من سفر (التثنية ٧: ٢٥ – ٢٦) حيث حذر موسى شعب إسرائيل ضد وجود أي شيء له علاقة بعبادة أصنام الأمم الكنعانيين.

«وَتَمَاثِيلَ آلِهَتِهِمْ تُحْرِقُونَ بِالنَّارِ. لاَ تَشْتَهِ فِضَّةً وَلاَ ذَهَبًا مِمَّا عَلَيْهَا لِتَأْخُذَ لَكَ، لِئَلاَّ تُصَادَ بِهِ لأَنَّهُ رِجْسٌ عِنْدَ الرّبّ إِلهِكَ. وَلاَ تُدْخِلْ رِجْسًا إِلَى بَيْتِكَ لِئَلاَّ تَكُونَ مُحَرَّمًا مِثْلَهُ. تَسْتَقْبِحُهُ وَتَكْرَهُهُ لأَنَّهُ مُحَرَّمٌ».

ودون أن أدري، قد عرضت نفسي وعائلتي للعنة، حين أحضرت صور تلك الآلهة الغريبة إلى بيتي. وكم كنت ممتناً للروح القدس، لأنه فتح عيني على ما كنت قد تعرضت له.

بدأت أرى وجود مبدأ، وهو العامل المشترك بين التحسن الذي حدث في أحوالي المالية والشخصية، وبين شفاء ساق الفتاة المكسورة. وفي كلتا الحالتين، كانت اللعنة تقف كحاجز غير مرئي. ومع صلاة التحرر شُفيت الفتاة، وفي حالتي حدث الإزدهار المالي.

إسمحوا لي بأن أشارككم تجربة أخرى، توضح لكم جلياً حقيقة وجود البركات واللعنات. ذات مرة عندما كنت في جنوب أفريقيا، إلتقيت مع سيدة يهودية سوف أدعوها "مريم". كانت مؤمنة بيسوع، مخلصة ومُعمدة بالروح القدس. كانت ذات خبرة عالية، وتعمل سكرتيرة تنفيذية بأجر جيد. وكنتيجة لصلاة مستجابة، وجدت نفسها تعمل مع رجل هو رئيس شركته الخاصة. وسرعان ما إكتشفت إنه متورط مع جميع المديرين التنفيذيين في عبادة غريبة تقودها سيدة تتعامل مع الأرواح الشريرة.

وبعد فترة قصيرة، قال لها رئيسها: "مرشدتنا الروحية أعطتنا بعض البركات ونريدك أن تكتبيها لنا جميعاً". لكن سرعان ما إكتشفت "مريم" بأن تلك العبارات كانت بعيدة كل البعد عن كونها بركات. وكمسيحية ملتزمة، أوضحت لرئيسها بأنها لا تشعر بالراحة في كتابتها. فشكرها وإعتذر عن عدم إدراكه بأن ذلك العمل ضد معتقداتها.

وعلى الرغم من رفضها، إلا أن أصابع "مريم" في كلتا اليدين قد أصيبتا بالتيبس. حتى إنها لم تكن قادرة على ثنيها، ولم تكن قادرة على العمل. كان ألماً يفوق إحتمالها، حتى إنها لم تكن قادرة على النوم، وقد شخصها الطبيب على إنه إلتهاب المفاصل الروماتويدي.

وكانت لمريم صديقة مسيحية، كانت قد سمعت عظاتي، عن "اللعنات، السبب والعلاج". فأسمعتها الأجزاء الثلاثة حتى وصلت إلى الجزء الذي أقود فيه الناس إلى الصلاة من أجل التحرر من اللعنات المتسلطة على حياتهم. وفجأة وبدون سبب طبيعي، توقف الشريط تماماً ولم تستطع إخراجه من الجهاز.

حتى تلك اللحظة، كانت مريم متشككة للغاية، فقد كانت

تستمع إلى العظة فقط لإرضاء صديقتها. ولكنها في نهاية الأمــر، وافقت على قراءة النسخة المطبوعة من صلاة التحرر التي كانت مع صديقتها. وعندما إنتهت من قرائتها، شُفيت أصابعها تماماً وذهب الألم.

وقد فحصها نفس الطبيب مرة أخـرى، وأكد شفاءها تماماً. تذكر، لم تكن هناك أي صلاة خاصة بالشفاء، إلا فقط صلاة التحرر من اللعنة.

ومهما كانت خلفياتنا، فإنه أمر في غاية الأهمية لنا، أن ندرك وجود عالم كامل من البركات واللعنات. فهو ليس بعض من الخرافات البدائية التي خلفتها العصور المظلمة. إنه أمر واقعي للغاية، والله يريد شعبه أن يكون لديهم فهم واضح لمثل هذه الأمور، لكى يكونوا منتصرين ومختبرين ملء البركة الإلهية.

الفصل الثانى
كيف تعمل البركات واللعنات

إن حقيقة البركات واللعنات في حياتنا ليس أمراً عشوائياً، ولا يمكن التنبؤ بها. بل على العكس من ذلك، فكل منهما تعمل وفقاً لقوانين أبدية لا تتغير. هناك نوعان من القوى التي تشكل التاريخ: قوى مرئية وأخرى غير مرئية. والتفاعل بين هاتين القوتين هو الذي يحدد نتيجة الأحداث.

فإذا ركزنا إهتمامنا فقط على الأمور المرئية التي هى واضحة وطبيعية، فيصعب علينا تفسير بعض الأمور التى تحدث في حياتنا.

ونحن جميعاً نشعر أن هذا العالم المادي الطبيعي هو وطننا، لأن هذا هو ما نحن على دراية به بشكل يومي. وكثير من الناس لا يدركون أي شيء أكثر من هذا. ومع

ذلك، فإن الكتاب المقدس يفتح لنا بعداً آخر غير مرئي، ليس مادياً بل روحياً.

ويتحدث بولس الرسول عن كل من هذه الأبعاد في (٢كورنثوس ٤: ١٨) فيقول:

«وَنَحْنُ غَيْرُ نَاظِرِينَ إِلَى الأَشْيَاءِ الَّتِي تُرَى، بَلْ إِلَى الَّتِي لاَ تُرَى. لأَنَّ الَّتِي تُرَى وَقْتِيَّةٌ، وَأَمَّا الَّتِي لاَ تُرَى فَأَبَدِيَّةٌ».

إن الأمور الطبيعية ليست أبدية، بل أمور العالم غير المرئي، هى فقط التي يمكننا أن نجد فيها الحق الثابت. والذي من خلاله يتشكل مصيرنا.

كل من البركات واللعنات على حد سواء، ينتمي إلى عالم روحي غير مرئي. وكلاً منهما يحمل تأثيراً فوق الطبيعي، وقوة روحية. فالبركات تأتي بالخير والنتائج الإيجابية، فى حين أن اللعنات تأتي بالشر والنتائج السلبية. وكلاهما من المواضيع الهامة في الكتاب المقدس.

> **كل من البركات واللعنات ينتمي إلى عالم روحي غير مرئي. وكلاً منهما يحمل تأثيراً فوق الطبيعي، وقوة روحية**

هناك مميزات هامة ومشتركة بين كل من البركات واللعنات:

أولاً، إن تأثير كل من البركات واللعنات، غالباً ما يمتد إلى أبعد من مجرد التأثير على شخص بمفرده، بل يمتد إلى أفراد العائلة الأخرين، والمجتمع والبلد، أو حتى الأمة بأكملها، يمكن أيضاً أن تتأثر.

ثانياً، يمكن أن يستمر تأثير كل من البركات واللعنات، من جيل إلى جيل إلى أن يتم إبطالها. وبالطبع هذا له آثار عملية هامة. فالشخص الذي يختبر تأثير أي من البركة أو اللعنة قد لا يميز بسهولة من أين تأتي، لأن مصدرها قد يكون من الماضي، وحتى منذ مئات السنين.

ذات مرة عندما كنت أتحدث عن هذا الموضوع في أديلايد، في أستراليا، كتبت لي سيدة رسالة بعد ذلك. كان أجدادها من اسكتلندا، من عشيرة تدعى نيكسون. وكان لديها أدلة تاريخية تثبت إنه نتيجة لحروب العشائر بين الأسكتلنديين والإنجليز في القرن السادس عشر، وضع أسقف كنيسة اسكتلندا لعنة على عشيرة نيكسون. وقد أدركت بعد أربعة قرون، فقد كانت تحدث بعض الأمور في عائلتها، قد يعود سببها إلى تلك اللعنة.

البركات واللعنات هى كلمات تحمل قوة خارقة للطبيعة – ربما هى قوة الله، أو قوة الشيطان – ولكنها كلمات ذات

تأثير على حياة الناس ، حتى إنها يمكن أن تحدد مصيرهم . ليس ذلك فحسب ، بل يمكن لتأثيرها أن يستمر من جيل إلى جيل .

ومع ذلك ، أريد أن أكون واضحاً جداً، إن كنت تعاني من تأثير لعنة ما، فأعلم أن الله قد وفر لك الحل ، وليس عليك الإستمرار في المعاناة من آثارها . ولكن أولاً، إسمحوا لي بأن أقدم المزيد عن الصورة العامة .

الله كمصدر للبركات

الله هو المصدر الوحيد والأسمى لكل البركات ، على الرغم من إنها قد تأتي لنا من خلال طرق كثيرة . أول مرة نرى فيها البركات الفعالة في الكتاب المقدس في سفر (التكوين ٢٢: ١٥-١٨) حيث كان إبراهيم على إستعداد ليقدم إبنه إِسْحَاقَ ذبيحة كطلب الرب . وفي اللحظة الأخيرة، أعطى الرب إبراهيم الْكَبْشَ لِيَصْعَدَهُ مُحْرَقَةً عِوَضًا عَنِ ابْنِهِ إِسْحَاقَ .

«وَنَادَى مَلَاكُ الرَّبّ إِبْرَاهِيمَ ثَانِيَةً مِنَ السَّمَاءِ وَقَالَ: «بِذَاتِي أَقْسَمْتُ يَقُولُ الرَّبّ، أَنِّي مِنْ أَجْلِ أَنَّكَ فَعَلْتَ هَذَا

الأَمْرَ، وَلَمْ تُمْسِكِ ابْنَكَ وَحِيدَكَ، أُبَارِكُكَ مُبَارَكَةً، وَأُكَثِّرُ نَسْلَكَ تَكْثِيرًا كَنُجُومِ السَّمَاءِ وَكَالرَّمْلِ الَّذِي عَلَى شَاطِئِ الْبَحْرِ، وَيَرِثُ نَسْلُكَ بَابَ أَعْدَائِه، وَيَتَبَارَكُ فِي نَسْلِكَ جَمِيعُ أُمَمِ الأَرْضِ، مِنْ أَجْلِ أَنَّكَ سَمِعْتَ لِقَوْلِي».

من المهم جداً أن نلاحظ السبب في البركة – لأن إبراهيم أطاع صوت الله. وهذا هو السبب الأساسي لبركة الله. لاحظ أيضا أن البركة ستكون لكل نسل إبراهيم.

في وقت لاحق، عندما كان إسْحَاقَ رجلاً عجوزاً، سجل سفر (التكوين ٢٧) كيف بارك إبنه يعقوب. ولكن الشيء الغريب في الأمر هو أن إسْحَاقَ كان يعتقد إنه كان يبارك عيسو إبنه البكر. وكان عيسو قد خرج لصيد الغزلان التي أراد إسْحَاقَ تناولها قبل النطق بالبركة. فرأت رفقة زوجة إسْحَاقَ، إنها فرصة لصالح يعقوب إبنهما الأصغر الذي كان المفضل لديها.

ولخداع إسْحَاقَ (الذي كان أعمى) ألبست رفقة يعقوب إبنها ملابس عيسو، ولفت جلد الماعز حول رقبته وذراعيه، ليظهر مثل عيسو الذي كان مشعراً أكثر من يعقوب. ثم طهت لحم مَاعز صغير بالطريقة المفضلة لإسْحَاقَ. وتظاهر

يعقوب بأنه عيسو، وقدم الطعام إلى والده. وحاول إِسْحَاقَ التحقق من هويته بسؤاله: "هل أنت حقاً ابني عيسو؟"، فأجاب يعقوب في كذب بأنه عيسو. فصدقه إِسْحَاقَ، وأكل ثم نطق بالبركة في (تكوين ٢٧: ٢٧:٢٩):

«فَتَقَدَّمَ وَقَبَّلَهُ، فَشَمَّ رَائِحَةَ ثِيَابِه وَبَارَكَهُ، وَقَالَ: «انْظُرْ! رَائِحَةُ ابْنِي كَرَائِحَةِ حَقْلٍ قَدْ بَارَكَهُ الرَّبُّ. فَلْيُعْطِكَ اللهُ مِنْ نَدَى السَّمَاءِ وَمِنْ دَسَمِ الأَرْضِ. وَكَثْرَةَ حِنْطَةٍ وَخَمْرٍ. لِيُسْتَعْبَدْ لَكَ شُعُوبٌ، وَتَسْجُدْ لَكَ قَبَائِلُ. كُنْ سَيِّدًا لإِخْوَتِكَ، وَلْيَسْجُدْ لَكَ بَنُو أُمِّكَ. لِيَكُنْ لاَعِنُوكَ مَلْعُونِينَ، وَمُبَارِكُوكَ مُبَارَكِينَ».

يجب أن نعلم أن تلك البركة كانت هائله في مداها، وإنها قد إنتقلت من جيل إلى جيل.

وبعد وقت قليل، أتى عيسو مع لحم الغزال الذي كان يحاول تقديمه إلى والده. فأدرك إِسْحَاقَ إنه قد خُدِع، وأنه بارك يعقوب بدلاً من عيسو. لكن، لاحظ معي رد فعل إِسْحَاقَ في (تكوين ٢٧: ٣٣):

«فَارْتَعَدَ إِسْحَاقُ ارْتِعَادًا عَظِيمًا جِدًّا وَقَالَ: «فَمَنْ هُوَ الَّذِي اصْطَادَ صَيْدًا وَأَتَى بِهِ إِلَيَّ فَأَكَلْتُ مِنَ الْكُلِّ قَبْلَ أَنْ

تَجِيءَ، وَبَارَكْتُهُ؟ نَعَمْ، وَيَكُونُ مُبَارَكًا».

لقد ظن إِسْحَاقَ إنه يبارك عيسو، ولكنه كان يعلم أن تلك الكلمات لم تكن صادرة منه. فقد كانت كلمات بركة نبوية، ولأنها كانت نبؤة، لذلك لم يستطيع سحب كلامه. وهكذا حصل يعقوب على البركة بينما لم يحصل عيسو عليها.

أريدك أن ترى طبيعة البركة، إنها فائقة. فهى ليست مجرد أفكار تحمل في طياتها بعض الأمنيات أو المشاعر الرقيقة. إنما هى سلطان معطى يتحدد به مصير الشعب. وهذا ينطبق على البركات واللعنات على حد سواء.

ويخصص الكتاب المقدس أصحاح كامل في سفر (التثنية ٢٨) لكي يبين لنا الأشكال المختلفة التي يمكن أن تتخذها البركات واللعنات.

الآيات الأربعة عشر الأولى، تتحدث عن البركات، والأربعة والخمسين آية المتبقية تتحدث عن اللعنات. في سفر (التثنية ٢٨: ١–٢) يتكلم موسى أولاً، عن أسباب البركات:

«وَإِنْ سَمِعْتَ سَمْعًا لِصَوْتِ الرّبِّ إِلهِكَ لِتَحْرِصَ أَنْ تَعْمَلَ بِجَمِيعِ وَصَايَاهُ الَّتِي أَنَا أُوصِيكَ بِهَا الْيَوْمَ، يَجْعَلُكَ

الرَّبُّ إِلهُكَ مُسْتَعْلِيًا عَلَى جَمِيعِ قَبَائِلِ الأَرْضِ، وَتَأْتِي عَلَيْكَ جَمِيعُ هذِهِ الْبَرَكَاتِ وَتُدْرِكُكَ، إِذَا سَمِعْتَ لِصَوْتِ الرَّبِّ إِلهِكَ».

وفي العهد الجديد، في (يوحنا ١٠: ٢٧) يصف يسوع بالمثل أولئك الذين يعرفهم بأنهم "خرافه" وإنهم حقاً تلاميذه:

«خِرَافِي تَسْمَعُ صَوْتِي، وَأَنَا أَعْرِفُهَا فَتَتْبَعُنِي».

إذن فالمتطلبات الأساسية لا تزال هى نفسها لم تتغير:

• سماع صوت الرب (تَسْمَعُ صَوْتِي)

• وإتباعه بطاعة (فَتَتْبَعُنِي).

وسبب اللعنات هو عكس البركات تماماً. فاللعنات هى نتيجة عدم سماع صوت الله وعدم طاعته. ويمكن تلخيص هذا الرفض لسماع وطاعة صوت الله في كلمة واحدة، وهى "التمرد" ليس ضد الإنسان، ولكن ضد الله.

من خلال دراساتي الخاصة، حاولت عمل قائمتين ألخص فيهما البركات واللعنات. بالترتيب الذى تم ذكره في سفر (التثنية ٢٨):

وقائمة البركات هى كالتالي:

- **الرفعة**   • **الفيض المادي**
- **الصحة**   • **الإنتصار**
- **الإثمار**   • **رضى الله**

يتكلم موسى في قائمة اللعنات بشيء من التفصيل أكثر من البركات. على الرغم من أن اللعنات عكس البركات. وإليكم ملخص إقتراحي:

- **الــذل**   • **العقم وعدم الإثمار**
- **الإنهيار العائلي**   • **الأمراض العقلية والجسدية**
- **الفقر**   • **الإنهزام والفشل**
- **الظلم (الغم وضيق الصدر)**   • **عدم رضى الله**

في سفر (التثنية ٢٨: ١٣) يلخص موسى قائمة البركات بصورة لفظية وحية، فأنا أنصح كل منا أن يحاول تطبيق تلك الصورة في حياته الخاصة.

«وَيَجْعَلُكَ الرّبُّ رَأْسًا لاَ ذَنَبًا . . . .».

ذات مرة سألت الرب أن يريني كيف يمكن أن أطبق هذه الكلمات في حياتي. وشعرت بإنه أجابني: "الرأس

يتخذ القرارات، وأما الذَنَبَ (أي الذيل) فينجر وراءه".

هل تتصرف كالرأس، تتحكم في كل موقف، وتتخذ القرارات المناسبة، وتتابع تنفيذها بنجاح؟ أم إنك فقط تلعب دور الذيل، تُجر وتُقاد من قبل قوى وظروف لا تفهمها ولا يمكنك السيطرة عليها؟

القسم الثاني
مصدر اللعنات

يوضح سليمان في سفر (الأمثال ٢٦: ٢) بأن هناك دائماً سبباً لكل لعنة .

«كَالْعُصْفُورِ لِلْفَرَارِ وَكَالسَّنُونَةِ لِلطَّيَرَانِ، كَذلِكَ لَعْنَةٌ بِلاَ سَبَبٍ لاَ تَأْتِي» .

هذا المبدأ له تطبيق مزدوج . فمن ناحية، اللعنة لا يمكن أن تصبح ذات تأثير، ما لم يكن هناك سبب لذلك . ومن ناحية أخرى، العكس أيضاً صحيح . حيثما كانت هناك لعنة، فلابد من وجود سبب لذلك . فنحن نحتاج إلى إرشاد من الروح القدس، ليس فقط لتحديد سبب اللعنة، ولكن أيضاً مصدرها . وإذا كان يمكنك إكتشاف سبب المشكلة الخاصة بك، سوف تكون في وضع أفضل بكثير، للتعامل معها بشكل فعال .

يكشف هذا الباب الأسباب الرئيسية للعنات التي عادة ما تصيب حياتنا. فبعد قراءتها، ستصبح قادراً على فهم وتطبيق شفاء الله، كما سيتضح في الفصل التالي.

الفصل الثالث
الله مصدر للقضاء (أي اللعنة)

تعرقل الكثير من الناس بسبب فهمهم الخاطيء لطبيعة الله. فهم يعتقدون إنهم يرون أن العهد القديم يُظهر الله كإله الغضب والدينونة، وأن العهد الجديد يظهره بأنه إله الحب والرحمة.

ولكن الكتاب المقدس بعهديه القديم والجديد يتفقان معاً، فنحن نحتاج إليهما معاً، لنُكوِّن صورة دقيقة عن الله. في (رومية ١١: ٢٢) يقدم بولس هذين الجانبين من طبيعة الله جنباً إلى جنب:

«فَهُوَذَا لُطْفُ اللهِ وَصَرَامَتُهُ . . .».

فبركات الله تظهر في لطفه، ولكن أحكامه تصدر من صرامته. وكلاهما حقيقي على حد سواء. وفي مرات كثيرة، نطق الله بقضائه (أي بلعنة) على أفراد، أو على

حتى دول بأكملها. وهدفه هو أن يتنبه الناس، محذراً إياهم من نتائج عصيانهم المريعة. وقضاء الله (أي اللعنة) هى واحدة من أشد أشكال الله فى الحكم، ولكن تظل رغبته الدائمة للناس هى التوبة والرجوع إليه.

في (تكوين ١٢: ١–٣) نجد واحد من أقدم الأمثلة، التي تدل على قضاء الله (أي اللعنة)، في دعوة إبراهيم. في الواقع، كان هناك سبع مراحل لتلك الدعوة، ستة منها وعود ببركات الله، ولكن هناك أيضا تحذيراً رسمياً:

(١) فَأَجْعَلَكَ أُمَّةً عَظِيمَةً.

(٢) وَأُبَارِكَكَ.

(٣) وَأُعَظّمَ اسْمَكَ.

(٤) وَتَكُونَ بَرَكَةً.

(٥) وَأُبَارِكُ مُبَارِكِيكَ.

(٦) وَلاَعِنَكَ أَلْعَنُهُ.

(٧) وَتَتَبَارَكُ فِيكَ جَمِيعُ قَبَائِلِ الأَرْضِ.

بغضة الآخر

لاحظ أن الجزء السادس من دعوة الله لأبرام هو لعنة على كل من يلعن أَبْرَامُ. وذلك ينطبق على أَبْرَامُ وعلى نسله. وعندما يدعو الله رجلاً لمهمة خاصة، يصبح هذا الرجل هدفاً أساسياً للمقاومة من الشيطان، لذلك يعطي الله بند (٦) وَلاَعِنَكَ أَلْعَنُهُ وذلك لحمايته.

وفى (تكوين ٢٧ : ٢٩) عندما بارك إِسْحَاقَ إبنه يعقوب، أعطى له الحماية نفسها،

«. . . لِيَكُنْ لاَعِنُوكَ مَلْعُونِينَ، وَمُبَارِكُوكَ مُبَارَكِينَ».

وهكذا فإن كلاً من البركة واللعنة التي أعلنهما الله لإبراهيم، قد إمتدت إلى ذريته أيضاً. ومن المهم أن ندرك، إنها إمتدت أيضا إلى شعب الله بأكمله.

وفي (تكوين ١٥ : ١٣-١٤) يقول:

«فَقَالَ لأَبْرَامَ: اعْلَمْ يَقِينًا أَنَّ نَسْلَكَ سَيَكُونُ غَرِيبًا في أَرْضٍ لَيْسَتْ لَهُمْ، وَيُسْتَعْبَدُونَ لَهُمْ. فَيُذِلُّونَهُمْ أَرْبَعَ مِئَةِ سَنَةٍ. ثُمَّ الأُمَّةُ الَّتِي يُسْتَعْبَدُونَ لَهَا أَنَا أَدِينُهَا. . .».

لاحظ أن الله لم يجعل من المستحيل على أعداء إبراهيم أن يلعنوه أو يضطهدوه هو وذريته ، ولكنه أكد على وجود عواقب مريعة لقيامهم بذلك ، فبغضة الآخر تجلب لعنة من الله .

ربما أنت أو أجدادك تبغض بعض الأشخاص ، وربما كنت تنتقدهم أو تلعنهم . إن مثل تلك الأفعال لها عواقب ، فسوف تجلب لعنة على حياتك . ومع ذلك ، يمكنك أن تُطلق حراً .

العصيـان

في سفر (التثنية ٢٧: ١١–٢٦) أمر الله شعب إسرائيل عندما جاءوا إلى أرضهم (أي إلى أرض الموعد) ، أن ينطقوا بإثنى عشر لعنة ، إذا عصوا الله في بعض الأمور .

إنهم لن يتمكنوا من الدخول إلى أرض الموعد ، دون حصولهم على البركات إذا أطاعوا الله ، واللعنات إذا عصوا كلام الله . وبين هذين الأمرين لم يكن هناك شيء مشترك .

فليس لهم أي إختيار آخر متاح لهم .

يوجد إثنتى عشر لعنة محددة وواضحة ، ويمكن تلخيصها تحت العناوين التالية:

❖ عبادة الأوثان والآلهة الغريبة (المزيفة) .

❖ إهانة الآباء .

❖ الجنس غير المشروع أو غير الطبيعي .

❖ الظلم تجاه الضعفاء والبائسين .

عبادة الأوثان والآلهة الغريبة (المزيفة)

أولاً ، في سفر (الخروج ٢٠: ٢-٤) يقول الله في أول الوصايا العشر:

«أَنَا الرَّبُّ إِلهُكَ الَّذِي أَخْرَجَكَ مِنْ أَرْضِ مِصْرَ مِنْ بَيْتِ الْعُبُودِيَّةِ. لاَ يَكُنْ لَكَ آلِهَةٌ أُخْرَى أَمَامِي. لاَ تَصْنَعْ لَكَ تِمْثَالاً مَنْحُوتًا . . . .».

وهكذا نرى أن عبادة الآلهة الغريبة وجميع أشكال العبادة الوثنية ، هى عصيان مباشر لله. الإله الحقيقي الذى

ظهر لأول مرة في الخليقة ، ثم ظهر بوضوح أكثر ، وبشكل كامل في الكتاب المقدس ، هو الإله القدوس ، الرائع ، المجيد ، القدير . إن تشبيه الله بأي مخلوق – سواء كان إنساناً أو حيواناً – هو إهانة متعمدة مقدمة لله . فلا عجب من أن يثير ذلك غضب الله .

في سفر (التثنية ٢٧: ١٥) يقول:

«مَلْعُونٌ الإِنْسَانُ الّذِي يَصْنَعُ تِمْثَالاً مَنْحُوتًا أَوْ مَسْبُوكًا، رِجْسًا لَدَى الرّبّ عَمَلَ يَدَيْ نَحَّاتٍ، وَيَضَعُهُ فِي الْخَفَاءِ. وَيُجِيبُ جَمِيعُ الشّعْبِ وَيَقُولُونَ: آمِينَ».

ثانياً، يوجد نطاق أوسع من الممارسات التي ليست هى بالضرورة وثنية علنية، أو حتى دينية. لأن طبيعتها الحقيقية قد

أُخفيت من خلال مصطلحات خادعة، وقد تم وصفها بشكل مناسب على إنها غامضة.

وكلمة "Occult" (هى مشتقة من كلمة لاتينية تعني "الخفية" أو "التغطية أكثر"). وتركز هذه الممارسات الغامضة (أي الغيبية) على إثنين من أقوى الرغبات في الطبيعة البشرية،

وهما الرغبة في المعرفة والرغبة في السلطة لتصل إلى نقطة معينة. والإنسان قادر على تلبية هذه الرغبة الشديدة من مصادر طبيعية وبوسائل طبيعية. لكن إن لم يكن راضياً تماماً عما حصل عليه من تلك المصادر، سيتحول حتماً نحو مصادر خارقة للطبيعة. وعند هذه النقطة، يقع الإنسان بسهولة في شرك الممارسات الغامضة.

السبب في ذلك، هو أن هناك في الواقع مصدرين فقط للمعرفة وللقوة الخارقة للطبيعة في هذا الكون، وهذين المصدرين هما: إما الله أو الشيطان. فإذا كانت هذه المعرفة والقوة الخارقة للطبيعة مستمدة من الله، فهى مشروعة، أما إذا كانت مستمدة من الشيطان فهى غير مشروعة. وذلك الشغف للمعرفة غير المشروعة يأتي من الشجرة المحرمة "شجرة معرفة الخير والشر". هذا الذي دفع الإنسان للخطية الأولى في جنة عدن. وبذلك عَبر الإنسان حدوداً غير مرئية داخل مملكة الشيطان. ومنذ ذلك الوقت، صار الإنسان عرضة للخداع.

هناك مجموعة متنوعة وغير شرعية، من أشكال الخداع التي يمكن أن تتخذها، تلك الممارسات الغامضة (أي الغيبية) تكاد تكون غير محدودة، ومع ذلك، فمن الممكن تحديد

ثلاثة فروع رئيسية منها:

السحر والعرافة والشعوذة.

١- السحر: هو فرع من القوة الغيبية "Occult" الذي تتضح جذورها في (١ صموئيل ١٥: ٢٣):

«لِأَنَّ التَّمَرُّدَ كَخَطِيَّةِ الْعِرَافَةِ، . . . .».

السحر هو تعبير عن تمرد الإنسان ضد الله. وهو محاولة الإنسان للحصول على أغراضه الخاصة دون الخضوع لشريعة الله. والقوة الدافعة له، هى الرغبة في السيطرة على الناس والظروف. وللحصول على تلك الغاية، قد يستخدم ضغوطاً إما نفسية أو أساليباً نفسية، أو مزيجاً من الإثنين معاً للتلاعب والترهيب والسيطرة.

٢- العرافة: هى فرع من علم التنجيم، وهى تقدم أشكالاً عديدة ومختلفة من المعرفة، التي لا يمكن الحصول عليها بوسائل طبيعية بسيطة. والشكل الأكثر شيوعاً للعرافة، هو قراءة الطالع التي تقدم معرفة فوق الطبيعية للمستقبل. وكذلك تشمل جميع الأشكال الكاذبة للوحي الديني، الذي يدعي بأن مصدره خارق للطبيعة.

٣- الشعوذة: هى تعمل من خلال الأشياء المادية، أو من

خلال طرق أخرى تؤثر على الحواس الجسدية، كالمخدرات والموسيقى. ففي سفر (الرؤيا ٩: ٢١) نجد أن كلمة شعوذة باللغة اليونانية مشتقة من كلمة "المخدرات".

ويمكن إستخدام أنواع عديدة ومختلفة من الأشياء المادية مثل:

القطع الأثرية الدينية، وأي أشياء أو مواد مرتبطة بعبادة الأوثان أو الأصنام، والسحر، والتعاويذ، وألواح الويجا، وهذه كلها ليست سوى بعض من الأمثلة الأكثر شيوعاً. ومن المهم أن ندرك أيضاً أن الكتب يمكن أن تكون قنوات لتلك القوة الغيبية.

إعترف المسيحيون في أفسس (أعمال ١٩: ١٨–١٩) بأن مخطوطاتهم السحرية المتعددة كانت مصدراً للعبودية آنذاك، وبالرغم من قيمتها الكبيرة، قاموا بجمعها وحرقها. إن الطريقة الوحيدة المناسبة للتعامل مع مثل هذه الأشياء السحرية هى تدميرها تماماً.

أولئك الذين يخترقون هذه المجالات السحرية (أي الغيبية)، يسعون عن طريق الشيطان إلى المعرفة أو القوة فوق الطبيعية، والتي لا يسمح الله للإنسان بأن يطلبها من

أي مصدر آخر إلا من خلاله . وفي الواقع ، عند قيامهم بذلك ، فهم يعترفون بالشيطان كإله ، إلى جانب الإله الواحد الحقيقي ، وبالتالي يكسرون الوصية الأولى من الوصايا العشر .

وبهذه الطريقة فهم يعرضون أنفسهم إلى اللعنة ، التي أعلنها الله بوضوح على جميع الذين يكسرون وصاياه – اللعنة التي يمتد تأثيرها إلى الجيل الرابع .

وعندما شارك كل شعب إسرائيل في عبادة الأصنام ، والآلهة الغريبة (أي المزيفة) كانوا يجلبون على أنفسهم اللعنة . أو ما نسميه في هذه الأيام السحر (أي القوة الغيبية) بجميع أشكاله المختلفة . ذلك هو السبب الرئيسي لوجود اللعنات فى حياة الناس .

يقول الله : "بأننا إذا تورطنا في مثل هذه الممارسات فسوف تمتد اللعنة إلى الأجيال الثلاثة التالية . إن البلاء لن يصيبك أنت فقط ، بل سيصيب أيضاً ثلاثة أجيال لاحقة بك " .

ربما أنت تعاني من ضيقة في حياتك الآن ، قد يكون سببها والداك أو أجدادك ، أو حتى أجدادك السابقين أو بعض الأسلاف الآخرين . لذا فمن الضروري أن تشخص

وتحدد المشكلة بحيث يمكن التعامل معها بشكل فعال .

نشكر الله الذي وفر لنا الوسيلة للتحرر من أي لعنة قد تأتي من ذلك المصدر! وهذه العطية متاحة لنا ، وفي يوم الدينونة الأخير ، لن يحسبنا الله كمذنبين ، بسبب اللعنة التي جلبها علينا أسلافنا ، لكنه سوف يحاسبنا كمذنبين ، إذا رفضنا إستقبال العطية المقدمة لنا للتحرر من لعنة كهذه .

إهانة الآباء

يجب علينا أن نكون حذرين جداً في هذا الأمـر . ففي الوقت الذي قد يكون فيه صحيحاً ، أن بعض من مشاكلنا يمكن إرجاعها إلى أفعال الآخرين ، يجب علينا الحذر من إلقاء اللوم على الآخرين عن الأمور التي نكون نحن وحدنا المسئولون عنها .

نحتاج إلى إهتمام خاص عندما نراجع علاقتنا مع والدينا . لأن عدداً لا يحصى من الناس اليوم - بما في ذلك العديد من المسيحيين - لا يدركون أن عدم إحترام الوالدين يجلب لعنة الله . وكثير من الناس يعانون من وجود مشاكل في حياتهم

بسبب موقفهم الغير صحيح من آبائهم . فبرغم عدم وجود آباء مثاليين ، فذلك لا يعني بالضرورة إنهم لا يستحقون الإحترام كآباء .

تذكر أن هذه هي الوصية الأولى المرتبطة بالبركة ، ويتم التعبير عنها بطريقة إيجابية في (خروج ٢٠: ١٢) يقول:

«أَكْرِمْ أَبَاكَ وَأُمَّكَ لِكَيْ تَطُولَ أَيَّامُكَ عَلَى الأَرْضِ الَّتِي يُعْطِيكَ الرَّبُّ إِلَهُكَ» .

خلال فترة خدمتي كلها ، لم يسبق لي أن قابلت شخصاً أهان والديه ، وكانت حياته تسير على ما يرام أبداً . مثل ذلك السلوك يعرضك تلقائياً إلى لعنة . أنا لا أعني بأن يجب عليك أن تتفق مع والديك ، أو حتى تفعل كل ما يقولاه لك لكي تفعله – فهذا يتوقف على الطريقة التي يعيش بها والداك – ولكن يجب عليك إكرامهم بما إنهما والديك . لقد قابلت الكثير من الذين تحسنت حياتهم عندما وضعوا الحق في مواقفهم تجاه آبائهم .

أعتقد أن الآخرين الذين لم يفعلوا ذلك ، لم يكونوا مباركين . كذلك أتذكر واحداً من أفراد عائلتي الذي مات بالسرطان ، وهو في سن الأربعين . وبالرغم من حصوله

على الخلاص، وإنه عُمد بالروح القدس وخدم الرب، إلا إنه لم يتمتع ببركة الله. لأنه لم يضع الحق في علاقته مع والدته. لقد كان لوالدته علاقة بممارسات تحضير الأرواح، لذلك كان لديها جميع المشاكل التي يمكن أن تتخيلها. لكن، كان بإمكانه النجاة من هذه المشاكل، إذا كان قد تعامل مع علاقته بوالدته. أنا لا أدرّس نظريات – أنا أعُلم عن أمور عرفتها من واقع التجربة.

الجنس غير المشروع أو غير الطبيعي

أي شكل من أشكال الجنس غير الطبيعي يجلب لعنة. وهذا يشمل أي شكل من أشكال الشذوذ الجنسي أو البهيمي "أي العلاقات الشاذة مع الحيوانات". والعلاقات الجنسية مع أفراد عائلتك خارج النطاق المسموح به تجلب أيضاً اللعنة. و للأسف، علينا اليوم أن نعترف بأن هناك الملايين من الأطفال الذين يقعون ضحايا آبائهم في مجال الجنس.

الظلم تجاه الضعفاء والبائسين

تسبب كسر الحكومة الأمريكية لمعاهداتها بصورة منتظمة، مع مختلف القبائل الهندية الأميركية في وضع الهنود لعنة على البيت الأبيض. ولهذا السبب، فمنذ عام ١٨٦٠ حتى عام ١٩٨٠، خلال هذه الفترة نجد أن كل رئيس أمريكي أُنتخب، توفي وهو بعد في منصبه. يمكنك تتبع ذلك، فهو يعود إلى أمرين:

الأمر الأول، عدم أمانة الحكومة الأمريكية مع الهنود الحمر.

أما الأمر الثاني، فهو سماح أبراهام لنكولن – الذي كان الرئيس المنتخب عام ١٨٦٠ – بقيام جلسة إستحضار للأرواح أن تجري في البيت الأبيض من قبل زوجته. التي توفيت لاحقاً في مصحة عقلية.

أنظر، كيف أن المشاركة في تلك الأنشطة، لا تؤثر فقط على الأفراد، لكنها يمكن أن تؤثر على دول بأكملها.

وأعتقد أن الرئيس ريجان، قد لقى حتفه وهو بعد في

منصبه. وقد جرت محاولة لإغتياله في أوائل رئاسته. ومع ذلك، قبل إلقائه للقسم الدستوري كرئيس، قابل مجموعة منا في لقاء كبير، كي نتحد معه في الصلاة والإيمان، لإطلاقه وتحريره وليس هو فقط، لكن أيضاً تحرير الرئاسة من اللعنة.

هل ترى مدى إقتراب تحقيق اللعنة، فالرصاصة استقرت على بعد شبر واحد من قلبه. وأنا أؤمن أن الله دافع عنه، بسبب الصلاة التي حررته من تلك اللعنة. وهذه ليست نظرية مجردة، بل مثل هذه الأمور تؤثر سلباً على حياة الناس والدول في كل مكان.

الإعتماد على الذات

يوجد نوع مختلف تماماً من اللعنة موجود في (إرميا ١٧: ٥-٦):

»هكَذَا قَالَ الرَّبَّ: مَلْعُونٌ الرَّجُلُ الَّذِي يَتَّكِلُ عَلَى الإِنْسَانِ، وَيَجْعَلُ الْبَشَرَ ذِرَاعَهُ، وَعَنِ الرَّبِّ يَحِيدُ قَلْبُهُ. (وهذه هى اللعنة) **وَيَكُونُ مِثْلَ الْعَرْعَرِ فِي الْبَادِيَةِ، وَلاَ**

يَرَى إِذَا جَاءَ الْخَيْرُ، بَلْ يَسْكُنُ الْحَرَّةَ فِي الْبَرِّيَّةِ، أَرْضًا سَبِخَةً وَغَيْرَ مَسْكُونَةٍ».

هذا هو الوضع الطبيعي، للشخص الذي يعيش تحت اللعنة. أي شخص آخر يتلقى المطر (البركة والرخاء) وهو في وسط كل ذلك، يعيش في أرض جافة، ولا يختبر بركة لنفسه، لماذا؟ بسبب اللعنة.

ملعون الرجل الذي يعتمد على القدرة البشرية والموارد المادية، التي تُبعد القلب بعيداً عن الرب. هذا لا يظهر بالضرورة الرغبة في فعل الشر، إنما هو دليل على وجود رغبة في الإستقلال عن الله. مثل أولئك الناس قد يسعون للقيام بالأعمال الصالحة، ولكن دون الإعتماد على نعمة الله الفائقة للطبيعة.

أعتقد أن هذه اللعنة، تقع على العديد من الكنائس المسيحية التي إختبرت نعمة الله، ولكنها بعد ذلك تحولت بعيداً، وبدأت تعتمد على جهودها الذاتية، وذكائها وتدينها. مثل أهل غلاطية، الذين ربما بدأوا بالروح لكنهم أكملوا بالجسد. فرُفعت بركة الله عنهم، ونزلت اللعنة عليهم.

في (غلاطية ٣: ٣) يقول:

«. . . أَبَعْدَمَا ابْتَدَأْتُمْ بِالرُّوحِ تُكَمِّلُونَ الآنَ بِالْجَسَدِ؟»

لقد كرزت في العديد من الكنائس، التي كنت واثقاً من إنها كانت تحت لعنة. ومهما وعظت وكافحت وناضلت فيها، كنت أجد الثمار قليلة، إلى أن يتم التعامل مع اللعنة.

السرقة والشهادة الزور

آخر ثلاث أنبياء في العهد القديم، حجي، زكريا وملاخي، تناولوا مختلف المجالات التي إختبر فيها الشعب اليهودي لعنة الله.

في (زكريا ٥: ١-٤) يقول:

«فَعُدْتُ وَرَفَعْتُ عَيْنَيَّ وَنَظَرْتُ وَإِذَا بِدَرْجٍ طَائِرٍ. فَقَالَ لِي: «مَاذَا تَرَى؟» فَقُلْتُ: «إِنِّي أَرَى دَرْجًا طَائِرًا، طُولُهُ عِشْرُونَ ذِرَاعًا، وَعَرْضُهُ عَشَرُ أَذْرُعٍ». فَقَالَ لِي: «هذِهِ هِيَ اللَّعْنَةُ الْخَارِجَةُ عَلَى وَجْهِ كُلِّ الأَرْضِ. لأَنَّ كُلَّ سَارِقٍ يُبَادُ مِنْ هُنَا بِحَسَبِهَا، وَكُلَّ حَالِفٍ يُبَادُ مِنْ هُنَاكَ بِحَسَبِهَا».

رأى النبي دَرْجًا به لعنات فى كل جوانبه، قائمة تحتوي في كل جانب من جانبيها على لعنات، في الجانب الأول،

لعنات على الشخص الذي سرق، وفي الجانب الآخر، لعنات على الشخص الذي شهد زوراً وحنث باليمين وأقسم زوراً بإسم الرب.

وبعد ذلك، تأتي صورة حية للدمار الذي حدث، كنتيجة لتلك اللعنة. في الكتاب المقدس العبري، نجد كلمة "بيت" بـالعبرية، لا تُطلق فقط على البنية المادية، ولكن على الناس الذين يعيشون في ذلك البيت. إن الإنهيار الواسع النطاق للحياة الأسرية الذى نراه اليوم، هو مجرد علامة واحدة فقط على الأثر النهائي لتلك اللعنة.

وبدون التوبة ورد المسلوب، يمكن أن تتسبب اللعنة في تلاشي دول بأكملها، وحتى حضارات بأكملها.

وأتساءل كم هو عدد الناس، الذين سيكونوا اليوم تحت لعنة، إذا شملت القائمة كل من سرق وحنث باليمين؟ وكم هو عدد الغير أمناء في الإقرارات الضريبية الخاصة بهم؟ ويشمل ذلك العديد من الناس في كل بلد. تُرى كم واحداً منهم سيكون من رواد الكنيسة؟

في (حجي ١: ٤-٦) يرسم صورة مماثلة، لأناس زرعوا الكثير وحصدوا القليل، ووضعوا أجورهم في كيس مليء بالثقوب.

«. . . .زَرَعْتُمْ كَثِيرًا وَدَخَّلْتُمْ قَلِيلاً. تَأْكُلُونَ وَلَيْسَ إِلَى الشَّبَعِ. تَشْرَبُونَ وَلاَ تَرْوُونَ. تَكْتَسُونَ وَلاَ تَدْفَأُونَ. وَالآخِذُ أُجْرَةً يَأْخُذُ أُجْرَةً لِكِيسٍ مَنْقُوبٍ».

كان على الله أن يرسل نبياً لشعب إسرائيل، ليبين لهم أن هذه القوة غير المرئية، التي تجرف زادهم هى لعنة، قد جلبوها على أنفسهم عندما وضعوا إحتياجاتهم الأنانية قبل إحتياجات بيت الله.

الفصل الرابع
اللعنات من شخصيات لها سلطة

كما رأينا، فكل من البركات واللعنات على حد سواء، هى جزء من عالم روحي واسع وغير مرئي، يؤثر على بعض أجزاء من حياتنا. أحد العوامل الأساسية في هذا العالم، هو مجال السلطة. وبدون أن نفهم مبادئ السلطة، فإنه من المستحيل لنا أن نعمل بفعالية في عالم الروح.

أشخاص يمثلون الله

في جميع أنحاء الكون، هناك واحد وواحد فقط، هو المصدر الأعلى للسلطة: **الله الخالق.**

الله عادة لا يمارس سلطته بطريقة مباشرة، ولكن يفوضها لآخرين من إختياره. السلطة التي يمارسها ذلك الشخص بالنيابة عن الله تشمل، القدرة على أن يبارك ويلعن، وذلك

إلى جانب أمور أخرى . وعلى الرغم من إننا شهدنا في هذا القرن ، ثورات ضد السلطة في جميع أنحاء العالم ، إلا أن مبدأ السلطة لا يزال تماماً يعمل مثل مبدأ الجاذبية .

وهناك أمثلة قليلة عن رجال يمثلون الله، وهذا سوف يكون كافياً ليوضح هذا المبدأ .

أولاً، في (يشوع ٦: ٢٦) نقرأ عن بني إسرائيل الذين دخلوا مدينة أريحا بأعجوبة . وأطلق **يشوع** لعنة على كل من يُعيد بنائها . وكان ذلك حوالي عام ١٣٠٠ قبل الميلاد .

«وَحَلَفَ يَشُوعُ فِي ذَلِكَ الْوَقْتِ قَائِلاً: «مَلْعُونٌ قُدَّامَ الرَّبِّ الرَّجُلُ الَّذِي يَقُومُ وَيَبْنِي هَذِهِ الْمَدِينَةَ أَرِيحَا . بِبِكْرِهِ يُؤَسِّسُهَا وَبِصَغِيرِهِ يَنْصِبُ أَبْوَابَهَا» .

وبعد حوالي خمسمائة سنة ، نقرأ في (١ ملوك ١٦: ٣٤) عن رجل يدعى حِيئِيلُ من بيت إيل حاول إعادة بناء أريحا في نفس المكان .

«فِي أَيَّامِهِ بَنَى حِيئِيلُ الْبَيْتَئِيلِيُّ أَرِيحَا . بِأَبِيرَامَ بِكْرِهِ وَضَعَ أَسَاسَهَا ، وَبِسَجُوبَ صَغِيرِهِ نَصَبَ أَبْوَابَهَا ، حَسَبَ كَلَامِ الرَّبِّ الَّذِي تَكَلَّمَ بِهِ عَنْ يَدِ يَشُوعَ بْنِ نُونِ» .

وكلفه ذلك حياة إثنين من أبنائه . لقد ماتا دون أي سبب

طبي واضح، ولم يتمكن أي طبيب من تشخيص السبب حتى الآن، ولكن كان ذلك هو العمل الظاهري المباشر للعنة يشوع. في حياتك الخاصة، قد تتعامل مع بعض الأمور التي يرجع سببها إلى أمر يعود إلى مئات السنين.

ثانياً، مثال آخر نجده في كلمات **داود** في مرثاته، بعد وفاة شاول ويوناثان في (٢ صموئيل ١: ٢١) كان لداود قدرة هائلة على اللعن – أنا لا أقصد إستخدام هذه الكلمة بالمعنى الذي يستخدمه الكثيرين اليوم. لكنه كان قد نطق ببعض اللعنات المروعة على بعض الناس، ومع ذلك، فهذا جزء من خدمة رجل الله. وهذا ما قاله في هذه المرثاة الجميلة عن شاول ويوناثان:

«يَا جِبَالَ جِلْبُوعَ لاَ يَكُنْ طَلٌّ وَلاَ مَطَرٌ عَلَيْكُنَّ، وَلاَ حُقُولُ تَقْدِمَاتٍ، لأَنَّهُ هُنَاكَ طُرِحَ مِجَنُّ الْجَبَابِرَةِ، مِجَنُّ شَاوُلَ بِلاَ مَسْحٍ بِالدُّهْنِ».

وبرغم أن هذه الكلمات كانت قد قيلت منذ أكثر من ٣٠٠٠ سنة، يمكنك الذهاب إلى جبال جلبوع اليوم، فلن تجد أي نباتات خضراء حتى الآن عليها. وبرغم الجهود الكبيرة التي تبذلها إسرائيل لإعادة زراعة الغابات فيها، إلا أن لا

شيء ينمو هناك! كل ذلك بسبب الكلمات التي نطق بها داود قبل ٣٠٠٠ سنة.

ثالثًا، هل تذكر جيحزي الذي كان خادماً للنبي أليشع؟ جيحزي عصى أمر أليشع، ولحق بنعمان الذي كان قد نال الشفاء المعجزي في الحال. ثم طلب منه المال والثياب وأخفاها عن أليشع.

في (٢ ملوك ٥: ٢٥-٢٧) يقول:

«وَأَمَّا هُوَ فَدَخَلَ وَوَقَفَ أَمَامَ سَيِّده. فَقَالَ لَهُ أَلِيشَعُ: «مِنْ أَيْنَ يَا جِيحْزِي؟» فَقَالَ: «لَمْ يَذْهَبْ عَبْدُكَ إِلَى هُنَا أَوْ هُنَاكَ». فَقَالَ لَهُ: «أَلَمْ يَذْهَبْ قَلْبِي حِينَ رَجَعَ الرَّجُلُ مِنْ مَرْكَبَتِه لِلِقَائِكَ؟ أَهُوَ وَقْتٌ لِأَخْذِ الْفِضَّة وَلِأَخْذِ ثِيَابٍ وَزَيْتُونٍ وَكُرُومٍ وَغَنَمٍ وَبَقَرٍ وَعَبِيدٍ وَجَوَارٍ؟ فَبَرَصُ نُعْمَانَ يَلْصَقُ بِكَ وَبِنَسْلِكَ إِلَى الْأَبَدِ». فَخَرَجَ مِنْ أَمَامِه أَبْرَصَ كَالثَّلْجِ».

وماذا كانت النتيجة؟ كان النتيجة لعنة نطق بها رجل الله.

أشخاص في سلطة قرابة

هذا هو مصدر آخر من اللعنات وهو أمر هام جداً. فقد رتب الله في المجتمع البشري، إنه في بعض الحالات يكون لإنسان ما سلطة على إنسان آخر، أو على مجموعة من الناس.

أولاً، المثال الأكثر وضوحاً **الأب، وفقا لكلمة الله** هو **الأب**، الذي وفقاً لكلمة الله، **لديه سلطة على** لديه سلطة على عائلته. سواء **عائلته** الناس أحبوا ذلك أم لا. قاوموه أم لا، لا يهم – لأن الحقيقة هى أن للأب سلطة على عائلته. و إذا كان لا يستخدم هذه السلطة، فهذه هى مشكلته.

ثانياً، شخص آخر لديه سلطة، وهو **الزوج** على زوجته. وهما مرتبطان إرتباطاً وثيقاً للغاية. يقول الكتاب المقدس إن الله رأس المسيح، والمسيح هو رأس الزوج، والزوج هو رأس المرأة. يمكن للنساء أن يقلن ما يحلو لهن في ذلك، ولكن تظل الحقيقة، أن هذا صحيح. ولا يمكنك تغيير الواقع عن طريق الإعتراض عليه.

دعنا ننظر إلى حالة يعقوب وعائلته . لقد خدم يعقوب خاله لابان ، أكثر من أربعة عشر عاماً . وصار لديه زوجتان وسراري وأحد عشر طفلاً . ثم قرر أن يهرب إلى الأرض التي وعده الله بها . وهرب يعقوب سراً لأنه كان يخشى أن يطالبه خاله لابان بزوجتيه مرة أخرى – لأنهما كانتا بنتا لابان .

وعندما هربوا ، سرقت راحيل ، زوجة يعقوب الثانية ، آلهة والدها . وما كان يجب على لابان أن يمتلك آلهة ، كذلك ما كان على راحيل أن تسرقها منه ، ولكنها فعلت . هذا الأمر جعل لابان غاضباً جداً ، حتى إنه طاردهم حتى لحق بهم ، وحين أمسك بهم ، إتهم يعقوب بسرقة آلهته .

كان يعقوب لا يعلم ما فعلته راحيل ، لذلك كان ساخطاً على إتهامه . في (تكوين ٣١ : ٣٢) قال يعقوب :

«اَلَّذِي تَجِدُ آلِهَتَكَ مَعَهُ لاَ يَعِيشُ . . .» .

كان هذا في الواقع لعنة ، نطق بها يعقوب عن غير قصد على زوجته راحيل . ومن المؤسف ، إنها لم تكن كلمات عادية ، ولكن كانت لها صلة بسلطة القرابة . وهو "أي يعقوب " في الواقع نطق بمصير زوجته ، وجاء به إلى حيز

الوجود، وفي المرة التالية لإنجابها، توفيت راحيل أثناء الولادة. فيا له من واقع حقيقي.

الآباء أيضاً يمارسون دوراً له تأثير مماثل، فبعد بركة الله، تأتي بركة الأب. وأكثر الأمور التي يُخشى منها، هى لعنة الأب. وقد وضع العديد من الآباء لعنة على أولادهم دون أن يدركوا ذلك. أنا أعرف ذلك لأني تعاملت مع الكثير منهم وساعدتهم على الخروج من تلك اللعنة.

تخيل أب له ثلاثة أبناء. الأول والثالث ذكيان، أما الأوسط فليس لامعاً مثلهما. والأب لا يحب هذا الأبن بنفس القدر. (لقد لاحظت هذا عن الآباء – إذا كان هناك واحداً من أبنائهم لا يحبونه، يكون عادة الأبن المشابه لهم. أعتقد إنهم لا يحبون ما يخشونه في أنفسهم). قد يقول الأب لهذا الطفل: "أنت لن تنجح أبداً. إخوتك أحسن، أما أنت فستكون فاشلاً طوال حياتك".

هل تعرف ما هذا؟ إنها لعنة. بالطبع، وبذات القدر يمكن للأم أن تقول نفس هذه الكلمات المدمرة عن أولادها أو لأولادها. وستندهشون من كثرة الأشخاص الذين ظلوا يعانون طوال حياتهم، بسبب لعنة مثل هذه أطلقت عليهم من والديهم.

أشخاص خارج الأسرة

أولاً، **المعلمون** هم نوع آخر من الأشخاص، الذين يمكنهم النطق باللعنات بسبب السلطة التي لديهم على الأطفال. قد يكون لمعلمة تلميذ لم تستطع أن تصنع معه علاقة جيدة، وهو في أولى سنوات دراسته. وربما قالت له أموراً كهذه: "أنت لن تتعلم أبداً. لا يمكنك التعلم، ولن تنجح أبداً". ومرة أخرى، لقد تعاملت مع بعض الناس الذين كانوا في حاجة إلى التحرر من تلك اللعنة التي نطق بها المعلم عليهم.

ثانياً، **القس** ولأنه يمتلك سلطة روحية على رعيته، فالقس هو شخص آخر لديه القدرة على الكلام، إما بإيجابية أو بسلبية على حياة رعيته. ولنفترض إنه حدث خلاف بين القس وبين أحد أعضاء رعيته، وهذا الشخص ترك المكان غاضباً. قد يقول القس: "أينما ذهبت، لن تنجح أبداً حتى تصحح موقفك مع هذه الكنيسة". مرة أخرى هذه لعنة. الجماعات الدينية غالباً ما تكون رهيبة في هذه الأمور، فإن كنت قد إنفصلت عن بعض تلك الجماعات، فسيضعون

عليك لعنة بشكل تلقائي . صدقوني ، تلك الأمور ليست بلا نتائج . بل هى أمور حقيقية جداً .

أشخاص يخدمون الشيطان

إن المواقف تجاه الشيطان بين المسيحيين تختلف بين أقصى النقيضين . البعض يتجاهل الشيطان تماماً ويحاول التصرف كما ولو أنه غير حقيقي . والبعض الآخر يخاف منه ويعطيه إهتماماً أكثر بكثير مما يستحق . وبين هذين النقيضين ، يوجد توازن مناسب في الكتاب المقدس .

معنى إسم الشيطان في اللغة الأصلية هو "الخصم" أو "المقاوم" . وهو عدو الله نفسه وشعب الله ومقاصد الله . هدفه هو جعل الجنس البشري كله تحت سيطرته . وأما أسلوبه الأساسي ، فهو الخداع . الذي يحترف ممارسته .

الشيطان يمارس بالفعل السيادة على الغالبية العظمى من البشر – جميع الذين هم في موقف التمرد ضد الله .

الشيطان يمارس بالفعل السيادة على الغالبية العظمى من البشر

وفي (أفسس ٢: ٢) يصفه بإعتباره:

«. . . الرُّوحِ الّذِي يَعْمَلُ الآنَ فِي أَبْنَاءِ الْمَعْصِيَةِ».

ومعظم أولئك الناس لا يرون صورة حقيقية عن حالتهم . بل هم ببساطة ينساقون ذهاباً وإياباً تحت تأثير قوات لا يفهمونها ولا يستطيعون السيطرة عليها .

ولكن هناك أيضاً أولئك الذين فتحوا أنفسهم للشيطان عن قصد، حتى وإن لم يكونوا مدركين لهويته الحقيقية . ففي سعيهم وراء السلطة والمكاسب المادية، صاروا يداومون بإستمرار على إستخدام وتنمية ممارسات تعتمد على قوى فوق الطبيعة، قد جعلها الشيطان في متناول يديهم . أولئك هم خدام الشيطان الذين عُرفوا في كل الثقافات تقريباً، وقد لُقُبوا بألقاب متنوعة: الدجّال أو العرّاف أو الطبيب المشعوذ أو الساحر، ربما تلك المسميات هى الأكثر إستخداماً، ولكن لكل ثقافة تعبيراتها الخاصة .

لم يُنكر يسوع أن قوة الشيطان حقيقية، ولم يقل إنه ضعيف . لكنه وعد تلاميذه أن السلطان الذي أعطاهم إياه سيجعلهم منتصرين على قوة الشيطان، وسيحميهم من كل محاولاته لإيذائهم .

واللعنات من الأسلحة الأساسية التي يستخدمها خُدام الشيطان ضد شعب الله. وهذا يتضح جلياً في قصة بالاق وبلعام.

في سفر (العدد ٢٢ – ٢٤) كان بالاق ملك موآب، يُدرك إنه لا يمكنه هزيمة إسرائيل في الحرب، فأستأجر بلعام – وكان بلعام عرافاً مشهوراً في تلك المنطقة كلها – وطلب منه أن يلعن إسرائيل. وإلى اليوم، إذا حاربت القبائل بعضها البعض، فإن الدجّال يضع لعنة على أعدائهم قبل أن تذهب إلى المعركة.

ومع ذلك، ففي كل مرة حاول بلعام أن يلعن إسرائيل، تدخل الله وحول اللعنات إلى بركات! ومن هنا نُدرك أن الله لم ير في لعنة بلعام ضد إسرائيل كلمات فارغة لا سلطة لها. بل إعتبرها تهديداً خطيراً لإسرائيل. ولهذا السبب تدخل الله شخصياً لإحباط قصد بلعام. والزمن لا يغير موقف الله. فهو لا يتجاهل أو يقلل من شأن اللعنات الموجهة ضد شعبه من قِبل خدام الشيطان. بل على العكس من ذلك، الله يزود شعبه بقوة أعظم.

عندما يستفيد شعب الله من تلك القوة، لكسر سيطرة اللعنات عنهم، سيكون الفرق في حياة الناس مدهشاً.

مناطق كثيرة في العالم ، تُسيطر عليها قوة روحية غيبية من الأطباء السحرة . في أفريقيا شهدنا تغييرات جذرية في حياة الناس ، بعد أن تم تحريرهم من اللعنات من خلال الإعتراف والصلاة . أناس كانوا بالكاد يبتسمون ، أصبحوا من أسعد الناس . كان التغيير مثل الإنتقال من الظلمة إلى النور .

في إحدى المناسبات ، جاء إلينا شخص بعد الإجتماع ، وكان يرتدي ثياباً جيدة ، ومع ذلك كان يُعفر نفسه بالتراب ، فقد كانت تلك هى طريقتهم في إظهار الإحترام . وقال : "لقد كنت رجلاً بائساً طوال حياتي . وكنت في ألم مستمر لسنوات ، الآن أنا حر . لم يعد لدي ألم ، أنا سعيد" .

والشيء الوحيد الذي حدث ، هو إننا أطلقنا سراحه من اللعنة . لقد صرنا متحضرين لدرجة إننا في بعض الأماكن ، فقدنا الإتصال مع بعض الأمور التي هى حقائق واضحة . فحتى وإن كنا لا نؤمن بتلك الأمور ، لكن مازلنا نتأثر بها .

الفصل الخامس
لعنات ننطقها على ذواتنا وكلمات نفسانية

لقد رأينا أن الكلمات ، سواء منطوقة أو مكتوبة، يمكن أن يكون لها تأثير عظيم ، سواء كان خيراً أم شراً. لقد إختبرنا كلنا أوقات كانت فيها الكلمات مصدر تشجيع ، تعطينا الأمل في الإستمرار . قد تكون تلك الكلمات كلمنا بها آخرين أو كلمات نحن تكلمنا بها لأنفسنا . للأسف ، كثير من الناس لا يدركون إنه من الممكن أيضاً من خلال كلماتهم الخاصة، أن يُحدثوا تأثيراً سلبياً وقوياً على أنفسهم ، وعلى الآخرين . وذلك من خلال كلامهم السلبى الذى ما هو في الواقع ، إلا لعنات نطقوا بها .

لعنات ننطقها على ذواتنا

فكر مرة أخرى في قصة رفقة ويعقوب . تذكر أن رفقة أقنعت يعقوب بالحصول على بركة أبيه إِسْحَاقَ قبل أخيه

الأكبر عيسو، الذي كان أحق بتلك البركة. كان يعقوب ذكياً وفكر في المستقبل مسبقاً لما يمكن أن يحدث. لذلك قال في سفر (التكوين ٢٧: ١٢-١٣):

«رُبَّمَا يَجُسُّنِي أَبِي فَأَكُونُ فِي عَيْنَيْهِ كَمُتَهَاوِنٍ، وَأَجْلِبُ عَلَى نَفْسِي لَعْنَةً لاَ بَرَكَةً». فَقَالَتْ لَهُ أُمُّهُ: «لَعْنَتُكَ عَلَيَّ يَا ابْنِي. . . .».

عند قيامها بذلك، نطقت رفقة بلعنة على نفسها. فقد نجحت خطة رفقة في منح البركة ليعقوب، لكن كلماتها عرضتها إلى لعنة منعتها من التمتع بثمر نجاحها. ففي وقت لاحق في نفس الأصحاح، إشتكت لزوجها لإِسْحَاقَ من زوجات عيسو، ولم توافق رفقة عليهن. لم تكن رفقة تحصل على الأشياء بالطريقة التي أرادتها لدرجة إنها قالت لإِسْحَاقَ في سفر (التكوين ٢٧: ٤٦):

«. . . . مَلِلْتُ حَيَاتِي مِنْ أَجْلِ بَنَاتِ حِثَّ. إِنْ كَانَ يَعْقُوبُ يَأْخُذُ زَوْجَةً مِنْ بَنَاتِ حِثَّ مِثْلَ هؤُلاَءِ مِنْ بَنَاتِ الأَرْضِ، فَلِمَاذَا لِي حَيَاةٌ؟».

وكانت بذلك قد نطقت بلعنة مزدوجة على نفسها. قالت إنها قد ملت من حياتها، وسألت ما نفع أن تكون لها حياة

– شعرت بأنها خير لها أن تموت أيضاً.

لا أستطيع أن أقول لكم، كم من الناس الذين تعاملت معهم، وقد أطلقوا مثل تلك اللعنات على أنفسهم بالقول: "كنت أتمنى لو كنت ميتاً. ما نفع أن أعيش؟ لن أعد أستطع التحمل". ليس عليك أن تقول أمراً من هذا القبيل. في كثير من الأحيان، يشبه هذا دعوة مفتوحة لروح الموت، وليس عليك أن تعطي العديد من هذه الدعوات، لأنها سوف تأتي. وقد رأينا عشرات الأشخاص الذين تم إنقاذهم من روح الموت.

وقد تعلمت من خبرتي، أن مثل هذه التعبيرات تشير بشكل شبه مستمر إلى أن هناك لعنة مفروضة على الذات، تعمل في حياة الناطق بها.

في إحدى الإجتماعات في أيرلندا الشمالية، صليت صلاة جماعية للناس المحتاجين إلى التحرر من روح الموت. وكان عدد الحاضرين حوالي ٢٠٠٠ شخص، نال نحو ٥٠ شخص، معظمهم من الشباب، الخلاص في وقت واحد! كيف يأتي روح اليأس هذا؟ بقول كلمات مثل هذه: "لا فائدة من الحياة. ما الذي تقدمه لي هذه الحياة؟ الأفضل لي

أن أموت". هذة الكلمات خطيرة جداً، لأنك في الحقيقة تنطق لعنة على نفسك. قد تقول: "ولكن أنا لم أقصد ذلك حقاً" لكن يسوع أعطى تحذيراً واضحاً تجاه الإهمال، وترديد كلمات جوفاء كهذه.

في (متى ١٢: ٣٦-٣٧) يقول:

«وَلَكِنْ أَقُولُ لَكُمْ: إِنَّ كُلَّ كَلِمَةٍ بَطَّالَةٍ يَتَكَلَّمُ بِهَا النَّاسُ سَوْفَ يُعْطُونَ عَنْهَا حِسَابًا يَوْمَ الدِّينِ. لأَنَّكَ بِكَلاَمِكَ تَتَبَرَّرُ وَبِكَلاَمِكَ تُدَانُ».

حقيقة أن المتكلم "لا يعني حقاً ما يقول" لا يقلل بأي شكل من الأشكال أو يلغي تأثير كلماته. ولا يحميه من المساءلة. وكم مرة أراد الشيطان أن يخدعك لتقول أشياء من هذا القبيل. كثيراً ما تُقال مثل تلك الكلمات بدون أى أسباب كافية. لأنك قد تشعر بالضيق أو تكون محبطاً، وتقول أشياء من هذا القبيل دون أن تدرك أهميتها، مع إنه من خلال تلك الأقوال، يمكنك أن تقرر مصيرك.

وهناك مثال أكثر حزناً، وبعيد الأثر للعنة التي فرضها أصحابها على أنفسهم، نجده في (متى ٢٧: ٢٤-٢٥) والمشهد هو محاكمة يسوع من قبل بيلاطس البنطي.

«فَلَمَّا رَأَى بِيلاَطُسُ أَنَّهُ لاَ يَنْفَعُ شَيْئًا، بَلْ بِالْحَرِيّ يَحْدُثُ شَغَبٌ، أَخَذَ مَاءً وَغَسَلَ يَدَيْهِ قُدَّامَ الْجَمْعِ قَائِلاً: «إِنِّي بَرِيءٌ مِنْ دَم هذَا الْبَارّ! أَبْصِرُوا أَنْتُمْ!». فَأَجَابَ جَمِيعُ الشَّعْبِ وَقَالُوا: «دَمُهُ عَلَيْنَا وَعَلَى أَوْلاَدِنَا».

لا يمكنك حقاً أن تفهم تاريخ الشعب اليهودي على مدى التسعة عشر قرناً الماضية. حتى ترى أن أحد العوامل الرئيسية في ذلك هى هذه اللعنة التي فرضها الشعب اليهودي على نفسه، والتي إنتقلت من جيل إلى جيل. فالله وحده هو الذى يعلم كم الإضطهاد والمعاناة التي لاقاها اليهود، والتي يمكن إرجاعها إلى هذا المصدر. في وقت سابق، رأينا كيف أعطى الله الحماية ليعقوب وذريته – الشعب اليهودي – من كل الذين سعوا لوضع اللعنة عليهم. ومع ذلك كان هناك نوع واحد من اللعنة لم يحمى الله شعبه منها: وهى اللعنة التي أطلقوها هم على أنفسهم.

عهود خارج نطاق الكتاب المقدس

في سفر (الخروج ٢٣: ٣٣) عندما كان شعب إسرائيل على وشك الدخول إلى أرض الموعد، حذرهم الله من الأشرار، والأمم الوثنية التي كانت هناك:

«لاَ تَقْطَعْ مَعَهُمْ وَلاَ مَعَ آلِهَتِهِمْ عَهْدًا».

العهد هو أكثر شكل رسمي وقوي في أي علاقة يمكن أن يدخل فيها الإنسان. والشيطان يدرك جيداً هذا الأمر.

العهد هو أكثر شكل رسمي وقوي في أي علاقة يمكن أن يدخل فيها الإنسان

وبالتالي، هو يستخدم علاقات العهد التي من صنعه، من أجل الحصول على أكبر تحكم ممكن على الناس. فإذا قطعت عهداً مع الناس الذين تحت سلطة قوى الشر، فستصبح أنت نفسك تحت تأثير تلك السلطة نفسها.

هذا ينطبق بشكل خاص على الجمعيات السرية. والماسونية هي أوضح مثال على ذلك، على مستوى العالم. ومن أجل أن تبدأ معهم، يجب على الشخص أن يحلف أقسى درجات القسم وأكثرها وحشية وهمجية. ولن أكشف

أبداً أي من أسرار الماسونية. وسيكون من المستحيل أن تجد في أي مكانٍ مثالاً أكثر رعباً من اللعنات التي يفرضها ذلك الشخص على نفسه بسبب ذلك القسم.

الماسونية هى ديانة زائفة لأنها تعترف بإله مزيف. تستخدم الماسونية العديد من الأشياء والرموز المرتبطة بالمسيحية، بما في ذلك الكتاب المقدس. ولكن هذا هو التضليل المتعمد. فالإله الذي تؤمن به الماسونية ليس هو إله الكتاب المقدس.

أي إشتراك مع هذه الجماعات هو طريق مؤكد لحدوث كارثة لك ولنسلك. الله وحده يعلم عدد الأطفال الذين أصيبوا بالشلل والإعاقة الخلقية، والأطفال غير كاملين النمو. وكل هذه المشاكل تنشأ بسبب تورط أحد الوالدين مع الماسونيين. يمكنك أن تفعل ما تشاء في هذا الموضوع، ولكن العواقب التي وضعها (أي كتبها) الله لا يمكنك تغييرها.

العهود بكل أنواعها قوية وملزمة. أنت لست حراً في صنع عهد مع الناس على أي أساس كان، لكن فقط، على أساس العهد الذي تم بدم يسوع.

حديث أو صلاة نفسانية

يجب أن يكون واضحاً الآن، أن كلماتنا يمكن أن يكون لها تأثير قوي، وذلك التأثير يمكن أن يكون إيجابياً أو سلبياً. فالحديث أو حتى الصلاة النابعة من نفس الإنسان تؤدي إلى نتائج سلبية بشكل مماثل لنتائج اللعنات التي فرضها الإنسان على نفسه. وقد يتعجب العديد من المسيحيين من ذلك، ولكن من المهم أن ندرك أن يعقوب كتب إلى المؤمنين يحذرهم قائلاً في (يعقوب ٣: ١٤-١٥):

«وَلَكِنْ إِنْ كَانَ لَكُمْ غَيْرَةٌ مُرَّةٌ وَتَحَزُّبٌ فِي قُلُوبِكُمْ، فَلَا تَفْتَخِرُوا وَتَكْذِبُوا عَلَى الْحَقِّ. لَيْسَتْ هَذِهِ الْحِكْمَةُ نَازِلَةً مِنْ فَوْقُ، بَلْ هِيَ أَرْضِيّةٌ نَفْسَانِيّةٌ شَيْطَانِيّةٌ».

والمفتاح لفهم كلمة "نَازِلَةً" يكمن في كلمة "نَفْسَانِيّةٌ" والتي تعني "جسدي أو شهواني أو حسي". والكلمة باليونانية هي "psuchikos" وقد تشكلت مباشرة من كلمة psuche، التي تعني "نفس". والكلمة الإنجليزية المقابلة لها هي "soulish".

في (١ تسالونيكي ٥: ٢٣) يصلي بولس ويقول:

«وَإِلهُ السَّلَامِ نَفْسُهُ يُقَدِّسُكُمْ بِالتَّمَامِ. وَلْتُحْفَظْ رُوحُكُمْ وَنَفْسُكُمْ وَجَسَدُكُمْ كَامِلَةً بِلاَ لَوْمٍ عِنْدَ مَجِيءٍ رَبِّنَا يَسُوعَ الْمَسِيحِ».

ويضع بولس هنا معاً الثلاث عناصر التي تشكل شخصية الإنسان الكاملة، وقد أوردها بترتيب تنازلي من الأسمى إلى الأدنى: الروح أولاً، ثم النفس، وبعد ذلك الجسد.

في السقوط، نتيجة لعصيان الإنسان لوصية الله، إنفصلت روحه عن الشركة مع الله. وفي ذات الوقت، بدأت النفس تعبر عن ذاتها بشكل مستقل عن الروح. وكانت هذه العلاقة المفككة والمقطوعة، هي نتيجة تمرد الإنسان على الله.

والتعبير عن ذلك التمرد أيضاً، يوجد في مواضع أُخرى من الكتاب المقدس.

ففي (١كورنثوس ٢: ١٤-١٥) وفي (يهوذا ١٦ و١٧) يوضح لنا من هو الشخص الجسداني أو النفساني. ففي الوقت الذي يعمل فيه الشخص

الروحي وفقاً لإرادة الله، فإن الشخص النفساني يكون بعيداً عن الإنسجام مع الله. مع إنه قد يكون منضماً إلى الكنيسة ويظهر كمسيحي، ولكن في الحقيقة، موقفه المتمرد وسلوكه، يحزن روح الله ويشكل إساءة لجسد المسيح.

يمكن أن يظهر هذا الموقف من خلال كلمات يقولها ذلك الشخص بعدة طرق.

ففي (رومية ١: ٢٩ - ٣٠) يقول بولس بعضاً من النتائج المترتبة عن إبتعاد الإنسان عن الله. وهذا هو جزء من القائمة التي ذكرها:

«مَمْلُوئِينَ مِنْ كُلِّ إِثْمٍ وَزِنَا وَشَرٍّ وَطَمَعٍ وَخُبْثٍ، مَشْحُونِينَ حَسَدًا وَقَتْلاً وَخِصَامًا وَمَكْرًا وَسُوءًا، نَمَّامِينَ مُفْتَرِينَ، مُبْغِضِينَ الله، ثَالِبِينَ مُتَعَظِّمِينَ مُدَّعِينَ، مُبْتَدِعِينَ شُرُورًا، غَيْرَ طَائِعِينَ لِلْوَالِدَيْنِ».

وقد أشار بولس إلى النميمة في مثل هذه القائمة، لكي يُظهر مدى الجدية التي يرى بها الله هذه الخطية.

وبطريقة مماثلة يحذرنا يعقوب في (يعقوب ٤: ١١) ويقول:

«لاَ يَذُمَّ بَعْضُكُمْ بَعْضًا أَيَّهَا الإِخْوَةُ. اَلَّذِي يَذُمُّ أَخَاهُ وَيَدِينُ أَخَاهُ يَذُمُّ النَّامُوسَ وَيَدِينُ النَّامُوسَ. وَإِنْ كُنْتَ تَدِينُ النَّامُوسَ، فَلَسْتَ عَامِلاً بِالنَّامُوسِ، بَلْ دَيَّانًا لَهُ».

والمعنى اليوناني الأصلي للكلمة "لاَ يَذُمَّ" هو "الكلام ضد". إذاً علينا أن لا نتكلم ضد أخ لنا في الإيمان – حتى وإن كان ما نقوله عنه صحيحاً. هذه الخطية التي ينبه يعقوب إليها ليست هى "الكلام الخاطيء" بل هى "الكلام ضد".

وهذا لا يستبعد قول الحقيقة لبعضنا البعض (لاحظ حرف الجر)، طالما سنذهب إلى الشخص المُعني أولاً، متبعين الكلمات التي في (متى ١٨: ١٥-١٧) التي تقول:

«وَإِنْ أَخْطَأَ إِلَيْكَ أَخُوكَ فَاذْهَبْ وَعَاتِبْهُ بَيْنَكَ وَبَيْنَهُ وَحْدَكُمَا. إِنْ سَمِعَ مِنْكَ فَقَدْ رَبِحْتَ أَخَاكَ. وَإِنْ لَمْ يَسْمَعْ، فَخُذْ مَعَكَ أَيْضًا وَاحِدًا أَوِ اثْنَيْنِ، لِكَيْ تَقُومَ كُلُّ كَلِمَةٍ عَلَى فَمِ شَاهِدَيْنِ أَوْ ثَلاَثَةٍ. وَإِنْ لَمْ يَسْمَعْ مِنْهُمْ فَقُلْ لِلْكَنِيسَةِ. وَإِنْ لَمْ يَسْمَعْ مِنَ الْكَنِيسَةِ فَلْيَكُنْ عِنْدَكَ كَالْوَثَنِيِّ وَالْعَشَّارِ».

وأن نذهب إلى هذا الأخ بالحب والتواضع وفقاً لما قاله بولس في (أفسس ٤: ١٥):

«بَلْ صَادِقِينَ فِي الْمَحَبَّةِ، نَنْمُو فِي كُلِّ شَيْءٍ إِلَى ذَاكَ

الَّذِي هُوَ الرَّأْسُ: الْمَسِيحُ» .

ونفس هذا التواضع ونقاء الدافع سيجعلنا نعتمد على معونة الروح القدس في الصلاة، لكى نعرف ليس فقط ما نصلي لأجله ولكن كيف نصلي من أجله كما ينبغي. نحن نعتمد كلياً على معونة الروح القدس للصلاة بفعالية.

ففي (رومية ٨: ٢٦–٢٧) يوضح لنا بولس بقوله:

«وَكَذَلِكَ الرُّوحُ أَيْضًا يُعِينُ ضَعَفَاتِنَا، لأَنَّنَا لَسْنَا نَعْلَمُ مَا نُصَلِّي لأَجْلِهِ كَمَا يَنْبَغِي. وَلكِنَّ الرُّوحَ نَفْسَهُ يَشْفَعُ فِينَا بِأَنَّاتٍ لاَ يُنْطَقُ بِهَا. وَلكِنَّ الَّذِي يَفْحَصُ الْقُلُوبَ يَعْلَمُ مَا هُوَ اهْتِمَامُ الرُّوحِ، لأَنَّهُ بِحَسَبِ مَشِيئَةِ اللهِ يَشْفَعُ فِي الْقِدِّيسِينَ» .

هناك الكثير مما يمكن أن يقال عن مثل هذه الصلاة، ولكن هنا أريد فقط أن أوضح، إنه في حين يفترض الكثير من الناس أن الصلاة هى مقبولة دائماً عند الله ونتائجها دائماً جيدة، لكن ذلك ليس هو الحال.

إن كنا لا نسلم أنفسنا للروح القدس ونسعى لطلب إرشاده، قد يكون دافعنا وراء صلواتنا إتجاهه جسدي، كالحسد، والبحث عن الذات، السخط والغضب، أو النقد.

والروح القدس لا يؤيد الصلوات التي تنطلق من مثل هذه الدوافع، ولن يقدمها أمام الله الآب.

وبناء على ذلك، يتدهور مستوى صلواتنا إلى ذات الشكل الذي شهدناه في (يعقوب ٣: ١٥) الذي يقول:

«. . .بَلْ هِيَ أَرْضِيَّةٌ نَفْسَانِيَّةٌ شَيْطَانِيَّةٌ».

تأثير تلك الصلاة النفسانية يماثل نفس الكلام النفساني، فهو كلام سلبي وليس إيجابي. فإنه يطلق على أولئك الذين نصلي من أجلهم ضغوطاً غير مرئية وغير محددة، وهى لا تخفف من الأعباء الملقاة عليهم، بل تضيف إليهم المزيد.

هناك بعض الناس الذين يصلون من أجلك، وقد تكون أفضل حالاً بدون صلاتهم. قد يبدو ذلك صادماً، ولكن بعض الناس لديهم أفكارهم الخاصة، عما ينبغي أن تكون عليه خدمة الآخرين، وإلى أين ينبغي أن تذهب. . . وإلخ. وقد يحاولون الصلاة كي تتحقق أفكارهم، لكن من الممكن أن تكون على غير إرادة الله. وقد تواجه ضغوطاً ضدك في كل مرة تحاول فيها فعل بعض الأمور التي يصلون ضدها.

ولا يكاد يوجد مثل هذا الأمر، الذي يصف أن الصلاة

بأنها ليست فعالة. فالسؤال: ليس ما إذا كانت صلواتنا فعالة أم لا؟. لكن السؤال هو: هل صلواتنا لها تأثير إيجابي أم سلبي؟. ويتم تحديد ذلك من قبل القوة التي تعمل من خلالها. هل هى حقاً من الروح القدس؟ أم إنها صلاه مزيفة نفسانية؟ إن قوة الصلاة النفسانية هى في ذات الوقت حقيقية وخطيرة. والنتيجة إنها لا تنتج بركة بل لعنة.

الفصل السادس
سبعة مؤشرات لوجود اللعنة

من خلال الملاحظة الشخصية والخبرة، لقد قمت بجمع القائمة التالية، والتى تحتوى على سبع مشاكل تشير إلى وجود لعنة فعالة.إن وجود واحد أو إثنين فقط من هذه المشاكل ليس بالضرورة كافياً في حد ذاته، لإعطاء إثبات قاطع عن كيفية عمل اللعنة. لكن عندما تكون هناك العديد من المشاكل، أو عند تكرار حدوث أي واحدة منهم مراراً و تكراراً، فإن إحتمال وجود لعنة في الأمر يزيد نسبياً. ومع ذلك، نحن في حاجة إلى تمييز من الروح القدس، لأنه وحده القادر على إعطاء "التشخيص" الدقيق تماماً.

١- الإنهيار العقلي أو العاطفي

إذا حدث إنهيار مرة واحدة فقط في الحياة، يمكن أن يكون هناك أسباب أخرى. ومع ذلك، إذا كان هو الشيء

الذي يتكرر كثيراً في الأسرة، فإنه يمكنك أن تتأكد من أن هذه الأسرة هى تحت لعنة. وغالباً ما يرتبط ذلك بوجود التشويش (أي الفوضى) والإكتئاب. وهذا له جذور في بعض الحالات تقريباً، بممارسة بعض الأنشطة السحرية أو الإشتراك فى الأمور الغيبية. فمن الضروري أن نتعامل أولاً مع الممارسات السحرية وأن نبطل اللعنة، قبل أن نتمكن من طرد الأرواح الشريرة.

٢- الأمراض المتكررة أو المزمنة

وهذا لا يعني بالضرورة أن كل شكل من أشكال المرض هو نتيجة مباشرة للعنة. ولكنه يكون مؤشراً بشكل خاص عندما لا يكون هناك تشخيص طبي واضح. وإذا كان هناك وجود أنواع معينة من الأمراض الوراثية، أو بعبارة أخرى، أمراض تنتقل من جيل إلى جيل، فهذا هو أيضا علامة أساسية لوجود تأثير من لعنة ما.

٣- العقــم والإسقــار المتكــرر للجنين ومشـــاكل نسائية أخرى

في كثير من الأحيان، توجد مشاكل مرتبطة بعملية الإنجاب يمكن أن تؤثر على جميع الإناث في العائلة. فإذا

جاءت إلينا إمرأة لكي نصلي معها لمثل تلك المشاكل، التي اعتدنا روث وأنا على الصلاة من أجلها، فنحن نحدثهن عن طبيعة اللعنات وأسبابها أولاً، ثم بعدها نصلي معهن من أجل التحرير. وقد شاهدنا العديد من النساء اللواتي حدثت معهن تغيرات جذرية.

٤- إنهيار العلاقات الزوجية والتفكك الأسري

في سفر (ملاخي ٤: ٥-٦) يرسم النبي صورة كئيبة لحال هذا العالم، قبيل إنتهاء هذا الدهر، فيقول:

«هأَنَذَا أُرْسِلُ إِلَيْكُمْ إِيلِيَّا النَّبِيَّ قَبْلَ مَجِيءِ يَوْمِ الرَّبِّ، الْيَوْمِ الْعَظِيمِ وَالْمَخُوفِ، فَيَرُدَّ قَلْبَ الآبَاءِ عَلَى الأَبْنَاءِ، وَقَلْبَ الأَبْنَاءِ عَلَى آبَائِهِمْ. لِئَلاَّ آتِيَ وَأَضْرِبَ الأَرْضَ بِلَعْنٍ».

يصور النبي أن هناك قوة شريرة تعمل، على إبعاد الآباء عن الأبناء، لينتج عن ذلك، إنهيار للعلاقات الأسرية. ويحذر النبي قائلاً: "إن لم يتدخل الله، فإن هذه اللعنة التي تعمل على تدمير الحياة الأسرية، ستعم لتدمر الأرض كلها".

٥- عدم الإكتفاء المادي بشكل متواصل

في سفر (التثنية ٢٨: ٤٧–٤٨) يقدم لنا صورة تفصيلية لعمل اللعنة الظاهري. ويقدم موسى هنا بديلين لا ثالث لهما. ففي سفر (التثنية ٢٨: ٤٧) يشير إلى إرادة الله من جهة شعبه المطيع، وهى أن يعبدوا الرب، وأن يخدموه **«. . . بِفَرَحٍ وَبِطِيبَةِ قَلْبٍ لِكَثْرَةِ كُلِّ شَيْءٍ».**

وفي سفر (التثنية ٢٨: ٤٨) يصف اللعنة التي ستحل على شعب الله إن لم يطيعوا إلههم فيقول:

«تُسْتَعْبَدُ لأَعْدَائِكَ الّذِينَ يُرْسِلُهُمُ الرَّبُّ عَلَيْكَ فِي جُوعٍ وَعَطَشٍ وَعُرْيٍ وَعَوَزِ كُلِّ شَيْءٍ . . .».

وهذا يؤدي بنا إلى إستنتاج بسيط: أن الإكتفاء المادي هو بركة وأما الفقر فهو لعنة.

وهنا أيضاً ينسجم إعلان العهد الجديد مع العهد القديم. لأن إرادة الله لشعبه هى الوفرة، كما لخصها بولس في (٢ كورنثوس ٩: ٨) فيقول:

«وَاللهُ قَادِرٌ أَنْ يَزِيدَكُمْ كُلَّ نِعْمَةٍ، لِكَيْ تَكُونُوا وَلَكُمْ كُلُّ اكْتِفَاءٍ كُلَّ حِينٍ فِي كُلِّ شَيْءٍ، تَزْدَادُونَ فِي كُلِّ عَمَلٍ صَالِحٍ».

فالفقر هو أن يكون لديك أقل مما تحتاج إليه، لتتميم إرادة الله في حياتك. أما الوفرة أو الفيض، من ناحية أخرى، فهو أن يتوفر لديك المزيد لكي تعطي غيرك أيضاً.

٦- التعرض المتكرر لحوادث معينة

بعض الناس يتعرضون بصورة غير طبيعية لحوادث شخصية متكررة (أي حوادث غريبة). ويكاد يبدو أن هناك قوة خفية مخادعة، تعمل ضد أولئك الناس. ذلك الأمر معترف به، ويمكن قياسه بطريقة إحصائية. حتى أن بعض شركات التأمين تستخدم هذه التحليلات الإحصائية لمعرفة الأشخاص الذي يعتبر التأمين عليهم مخاطرة، وهكذا يطالبونهم بدفع أقساط تأمين مرتفعة، لبعض الناس الذين ترى إنهم تحت أخطار شديدة وغير عادية.

٧- هناك تكرار من حوادث الإنتحار أو الموت المبكر أو الغير طبيعي

اللعنة التي تأخذ هذا الشكل، في كثير من الأحيان، لا تؤثر على فرد واحد بل في وحدة إجتماعية أكبر كالعائلة أو العشيرة. وعادة أيضا قد تنتقل من جيل إلى جيل.

هذه المؤشرات السبعة التي ذكرناها للدلالة على وجود

.

لعنة، ليست هى العلامات الوحيدة، بل يمكن إضافة علامات أخرى . لكنك ربما قرأت ما يكفي حتى الآن ، لكي تُقيم وضعك الخاص . فإن تمكنت من إكتشاف سبب مشكلتك الخاصة، تكون في وضع أفضل جداً، يؤهلك للتعامل مع تلك المشكلة بفاعلية ونجاح .

القسم الثالث
كيف تكون حراً

هل إكتشفت حتى الآن إن كانت حياتك – بطريقة أو بأخرى – تحت لعنة ما؟ هل تتساءل ما إذا كانت هناك وسيلة للخروج من هذه الظلمة التى تحجب عنك النور الساطع لبركات الله.

ليس عليك أن تكون تحت آثار هذه اللعنات، سواء كانت قد نشأت في حياتك أو كانت ناتجة عن تصرفات الأجيال السابقة. يمكنك أن تتحرر من الضغوط التي كنت تعتقد أن عليك التعايش معها.

في كثير من الأحيان، نحتاج أن نتأكد من سبب أو مصدر اللعنة – وليس دائماً، ولكن غالباً. ولهذا السبب ذكرت في الفصول السابقة الإحتمالات المختلفة، لأني أثق أن الروح القدس سيتحدث إليك وأنت تقرأ. أنا لا أقول لك أن عليك

أن تعرف، ولكن في كثير من الحالات الله يريدنا أن نعرف ما الذي سنتحرر منه، وكيف وصل إلينا. فإذا أظهره لك الله، فعليك إذن التعامل معه.

نعم هناك طريق للخروج! ولكنه طريق واحد فقط: من خلال **موت يسوع الكفاري على الصليب.**

في هذا القسم، شرح عملي بسيط، للكيفية التي تجد فيها طريق الله، وتتبعه منتقلاً من الظلمة إلى النور، من اللعنة إلى البركة.

الفصل السابع
التبادل الإلهي

تدور رسالة الإنجيل بالكامل حول حدث تاريخي واحد فريد، هو: موت يسوع على الصليب فداءً وكفارة لخطايانا. ويقول كاتب الرسالة إلى العبرانيين بهذا الخصوص، في (عبرانيين ١٠: ١٤):

«أَنَّهُ بِقُرْبَانٍ وَاحِدٍ قَدْ أَكْمَلَ إِلَى الأَبَدِ الْمُقَدَّسِينَ».

وهنا تجتمع عبارتان غاية فى القوة والأهمية: **"أَكْمَلَ" و"إِلَى الأَبَدِ"**. وهما يشيران إلى ذبيحة تستوعب إحتياجات البشر جميعاً، بل يمتد تأثيرها خلال الزمن وعبر الأبدية.

وهذا هو الأساس الضروري لتحريرنا. ففي الصليب تمت المبادلة الإلهية أولاً. إحتمل يسوع بدلاً عنا كل عواقب الشر الذي كنا نستحقه بسبب خطايانا. الآن وبالمقابل، يقدم لنا الله كل الخير الذي تستحقه طاعة يسوع المنزهة عن الخطية.

هناك مبدأ واحد ثابت وهو:

وُضع الشر على يسوع لكي يُقدم لنا الخير

دعونا نلخص بإختصار كل ما تم إنجازه على الصليب، لكي يصبح لديك تقدير لمدى عمق عمل الفداء.

<u>الجانبان الأول والثاني</u> من جوانب هذه المبادلة الإلهية هما:

عُوقب يسوع لكى تُغفر لنا خطايانا

جُرح يسوع لكى نُشفى

نحن هنا أمام نسيج مترابط من هاتين الحقيقتين. ففي الخطة الروحية، حمل يسوع العقاب الذي تستحقه معاصينا وآثامنا، لكي يكون لنا بالمقابل غفران وسلام مع الله. وفي المخطط الطبيعي (أي المادي)، تحمل يسوع أمراضنا وأوجاعنا لكي يكون لنا شفاء بجراحه.

<u>والجانب الثالث</u> من جوانب هذه المبادلة الإلهية، تم كشفه في سفر (إشعياء ٥٣: ١٠) حيث نرى أن الله جعل نفس يسوع **"ذَبِيحَةَ إِثْمٍ"**. وينبغي فهم هذه الحقيقة في ضوء الفرائض التي أعطيت لموسى المتعلقة بأشكال ذبائح الإثم.

في (٢كورنثوس٥: ٢١) يشير بولس إلى (إشعياء ٥٣: ١٠) وفي الوقت نفسه يقدم الجانب الإيجابي من هذه المبادلة:

«لِأَنَّهُ جَعَلَ الَّذِي لَمْ يَعْرِفْ خَطِيَّةً، خَطِيَّةً لِأَجْلِنَا، لِنَصِيرَ نَحْنُ بِرَّ اللهِ فِيهِ».

نحن لا يمكننا أبداً أن ننال هذا البر، إلا بالإيمان وحده.

جُعل يسوع خطية بسبب خطيتنا لكي نتبرر نحن ببره

والجانب الرابع من جوانب هذه المبادلة الإلهية، هو تكملة منطقية للجانب السابق. فالكتاب المقدس بعهديه القديم والجديد يؤكد أن النتيجة النهائية للخطية هي الموت. فعندما جُعل يسوع خطية بسبب خطايانا، صار من المحتم عليه أن يذوق الموت الذي نتج عن خطية البشر. وبالمقابل، يقدم يسوع عطية الحياة الأبدية، لكل من يقبل ذبيحته النيابية.

وفي (رومية ٦: ٢٣) يضع بولس طرفي هذه المبادلة جنباً إلى جنب:

«لِأَنَّ أُجْرَةَ الْخَطِيَّةِ هِيَ مَوْتٌ، وَأَمَّا هِبَةُ اللهِ (أي غير المستحقة) فَهِيَ حَيَاةٌ أَبَدِيَّةٌ بِالْمَسِيحِ يَسُوعَ رَبِّنَا».

مات يسوع موتنا لكي نقبل نحن حياته

والجانب الخامس من جوانب هذه المبادلة الإلهية، نجده في سفر (التثنية ٢٨: ٤٨):

«تُسْتَعْبَدُ لأَعْدَائِكَ الَّذِينَ يُرْسِلُهُمُ الرَّبُّ عَلَيْكَ فِي جُوعٍ وَعَطَشٍ وَعُرْيٍ وَعَوَزِ كُلِّ شَيْءٍ. . . ».

لخص موسى سمات الفقر المطلق في أربع عبارات وهى: جُوعٍ وَعَطَشٍ وَعُرْيٍ وَعَوَزِ كُلِّ شَيْءٍ. لقد إختبر يسوع كل هذا إلى أقصى حد على الصليب. كي نتمكن نحن من إختبار غناه.

وكثيراً ما سيكون هذا "الإزدياد" أو "الفيض" مشابهاً لما إختبره يسوع نفسه على الأرض. ليس بالضرورة أن نحمل مبالغ نقدية كبيرة، أو تكون لدينا أرصدة هائلة فى المصارف. لكننا يوماً بعد يوم، سنكون مكتفين ولدينا ما يسد إحتياجاتنا، وأحياناً أكثر من إحتياجاتنا لكي نعطي الآخرين.

تحمل يسوع فقرنا لكي نشاركه في فيض غناه

والجانب السادس من جوانب هذه المبادلة الإلهية على الصليب، تشمل الآلام والمعاناة العاطفية الناشئة عن إثم الإنسان. وفي هذا المجال أيضا، تحمل يسوع الشر لكي

نتمتع نحن بالخير . ومن أكثر الجروح القاسية التي أصابتنا بسبب إثمنا: الخزي والشعور بالرفض . وكلاهما وُضعا على يسوع فوق الصليب .

الإعدام بالصلب كان أكثر أشكال الإعدام إثارة للخزى والخجل . تحمل يسوع أيضاً الرفض المؤلم بسبب العلاقة المكسورة مع الآب . عندما دعا الآب ولم تكن هناك إستجابة . مرة أخرى ، تحمل يسوع الشر ، كي نتمتع نحن بالخير فى المقابل .

تحمل يسوع خزينا لكى نشاركه فى مجده
تحمل يسوع رفضنا لكى نحظى بالقبول عند الآب

والجانب السابع مـن جوانب هـذه المبادلة الإلهية، هو جانب مهم وحساس، وهو ما يصفه لنا بولس في (غلاطية ٣: ١٣ – ١٤):

«اَلْمَسِيحُ افْتَدَانَا مِنْ لَعْنَةِ النَّامُوسِ، إِذْ صَارَ لَعْنَةً لأَجْلِنَا، لأَنَّهُ مَكْتُوبٌ: «مَلْعُونٌ كُلُّ مَنْ عُلِّقَ عَلَى خَشَبَةٍ» . لِتَصِيرَ بَرَكَةُ إِبْرَاهِيمَ لِلأُمَمِ فِي الْمَسِيحِ يَسُوعَ، لِنَنَالَ بِالإِيمَانِ مَوْعِدَ الرُّوحِ» .

هذا هو أساس خلاصنا ، وبناء على ذلك نضع ثقتنا في ما قام به المسيح لأجلنا على الصليب . وقد جعلنا يسوع أبراراً لأنه صار خطية لأجلنا . ومكننا من الحصول على البركة ، لأنه صار لعنة من أجلنا .

ويطبق بولس على يسوع المصلوب شريعة موسى فيقول في سفر (التثنية ٢١: ٢٣):

«. . . لأَنَّ الْمُعَلَّقَ مَلْعُونٌ مِنَ الله . . ».

كل يهودى يعرف شريعة موسى ، يعلم أن الإنسان الذي يُعدم مُعلقاً على خشبة (أو شجرة) يكون بالتالي **مَلْعُونٌ مَنْ الله**. ثم يشير بولس إلى النتيجة العكسية لذلك وهى البركة. شكراً لله لأنه بسبب الصليب تحررنا من اللعنة.

الأمر لا يحتاج إلى متخصص في علم اللاهوت ليقوم بشرح هذا الجانب من جوانب المبادلة. الذى يمكن تلخيصه كالتالى:

صار يسوع لعنة لكي ندخل نحن إلى البركة

هل قبلت بالإيمان كل ما تتضمنه ذبيحة يسوع وكل ما وفره من أجلك؟ هل أنت مشتاق الآن للدخول إلى ملء نعمة وإحسان الله الكامل؟

هناك حاجز واحد علينا أن نتخلص منه، إنه حاجز الخطية التي لم تغفر بعد. هل أنت متأكد الآن أن خطاياك قد غُفرت بسبب ذبيحة يسوع إن لم تكن كذلك، فمن هنا تبدأ.

وبعد أن تحررت عليك أن تضع في إعتبارك أمرين، وهما الإستماع إلى صوت الله، وعمل كل ما يقوله لك.

قال يسوع في (يوحنا ١٠: ٢٧):

«خِرَافِي تَسْمَعُ صَوْتِي، وَأَنَا أَعْرِفُهَا فَتَتْبَعُنِي».

ذلك هو السبيل لنوال البركة. وأيضاً لكي تعيش فيها. وإذا كان هناك لعنة على حياتك، يجب أولاً أن تتحرر منها على حساب موت يسوع الذي صار خلاصه حق لنا.

إني أريد أن أخبرك كيف تفعل ذلك؟ علينا فقط أن نتمتع بذلك الخلاص في حياتنا. وليس على الله القيام بأي شيء أكثر من ذلك، لكن علينا نحن أن نعتمد على ما فعله الله لنا.

الفصل الثامن

سبعة خطوات للتحرر

الخلاص هى الكلمة التي تلخص العمل الإجمالي الذي يرغب الله القيام به في حياتنا. وقد حُجب نطاق هذا العمل بطريقة أو بأخرى، بسبب طرق الترجمة المختلفة التي تُرجم بها الأصل اليوناني للفعل

"sozo – σῴζω" في أجزاء مختلفة من العهد الجديد. فقد تُرجم فى أغلب الأحيان "يُخلص" لكنه يستخدم أيضاً بمعانى مختلفة أكثر من مجرد إختبار مغفرة الخطايا.

يستخدم على سبيل المثال، في كثير من الحالات التي ينال فيها الناس الشفاء الجسدي (متى ٩: ٢١-٢٢). كما يستخدم في حالة تحرير شخص من الأرواح الشريرة (لـوقـا ٨: ٣٦). وأيضاً يستخدم في معجزة عـودة ميت إلى الحياة (لـوقـا ٨: ٥٠). في قصة لِعَازَرُ، يستخدم نفس الفعل "sozo" للتعبير عن الشفاء من مرض

مميت (يوحنا ١١: ١٢). ويستخدم بولس نفس الفعل في (٢تيموثاوس ٤: ١٨) ليصف عمل الله في حفظ الإنسان وحمايته من الشر، الأمر الذي يمتد طوال الحياة.

فعمل الخلاص الكامل يشمل كل جوانب كيان الإنسان، ويتلخص ذلك في صلاة بولس الرائعة في (١ تسالونيكي ٥: ٢٣) يقول:

«وَإِلهُ السَّلاَمِ نَفْسُهُ يُقَدِّسُكُمْ بِالتَّمَامِ. وَلْتُحْفَظْ رُوحُكُمْ وَنَفْسُكُمْ وَجَسَدُكُمْ كَامِلَةً بِلاَ لَوْمٍ عِنْدَ مَجِيءِ رَبِّنَا يَسُوعَ الْمَسِيحِ».

فالخلاص يشمل شخصية الإنسان كلها – الروح والنفس والجسد. ولا يتم ذلك إلا بقيامة الجسد في مجيء المسيح. ولا أحد يختبر جميع جوانب الخلاص لحظياً أو من خلال مرحلة إنتقالية حاسمة، بل الطبيعي أن يتقدم الإنسان من مرحلة إلى أخرى. وكثير من المؤمنين الذين لا يتقدمون ولا حتى خطوة واحدة بعد إختبار غفران خطاياهم، فهم غير مدركين للإحسانات الأخرى الكثيرة المتوفرة لهم مجاناً.

أما الترتيب الذي يحصل الإنسان فيه على جوانب الخلاص المختلفة، فمتروك لسيادة الله الذي يتعامل مع كل

واحد منا على إنفراد. فهو يعلم ما هو أكبر إحتياجاتنا وفي أي وقت هو يعطيها، حتى وإن كنا نحن أنفسنا لسنا على دراية بها. الله يضع الإختيار أمام كل واحد منا، والبدائل واضحة في سفر (التثنية ٣٠: ١٩)

«. . . قَدْ جَعَلْتُ قُدَّامَكَ الْحَيَاةَ وَالْمَوْتَ. الْبَرَكَةَ وَاللَّعْنَةَ. فَاخْتَرِ الْحَيَاةَ لِكَيْ تَحْيَا أَنْتَ وَنَسْلُكَ».

الحياة والبركة من ناحية، والموت واللعنة من ناحية أخرى. وكالشعب القديم (أي شعب إسرائيل)، طلب الله منهم أن يختاروا لأنفسهم. فإننا نحدد مصيرنا عن طريق الإختيار الذي نتخذه. وإختياراتنا قد تؤثر أيضاً على مصير أحفادنا. وبعد أن نكون قد إتخذنا هذا الإختيار، يمكننا أن نطالب بتحريرنا من أي لعنات على حياتنا.

ما هى الخطوات التي يجب أن نتخذها تجاه ذلك؟

لا يوجد نموذج واحد معين يمكن للجميع أن يتبعوه، لكي يأتي بالناس إلى نقطة التحرر، لكني وجدت أنه من المفيد أن أقودكم من خلال الخطوات السبع الآتية.

١- إعترف بإيمانك فى المسيح وبذبيحته الكفارية لأجلك

في (رومية ١٠: ٩-١٠) يعلن بولس شرطين أساسيين للإستفادة من ذبيحة المسيح:

«لِأَنَّكَ إِنِ اعْتَرَفْتَ بِفَمِكَ بِالرَّبِّ يَسُوعَ، وَآمَنْتَ بِقَلْبِكَ أَنَّ اللهَ أَقَامَهُ مِنَ الأَمْوَاتِ، خَلَصْتَ. لأَنَّ الْقَلْبَ يُؤْمَنُ بِهِ لِلْبِرِّ، وَالْفَمَ يُعْتَرَفُ بِهِ لِلْخَلاَصِ».

١ - الإيمان بالقلب بأن الله أقام يسوع من الأموات.

٢ - الأعتراف بالفم بأنه هو الرب.

ولا يكون الإيمان القلبي فعالاً تماماً، إلى أن يُكمل بالأعتراف بالفم.

وكلمة "يعترف تعني في الأصل "أن يقول الشيء نفسه". وفي سياق الإيمان في الكتاب المقدس، فالاعتراف يعني أن تقول بفمك الشيء نفسه الذي يقوله الله في كلمته.

في (عبرانيين ٣: ١) يقول:

«. . .لاَحِظُوا رَسُولَ اعْتِرَافِنَا (أي يسوع) وَرَئِيسَ كَهَنَتِهِ الْمَسِيحَ يَسُوعَ».

فعندما نعلن الإعتراف الروحي الصحيح من جهة المسيح، فإن ذلك يُطلق خدمته الكهنوتية لأجلنا.

٢- التوبة عن كل عصيان وعن كل خطية

يجب عليك قبول المسئولية الشخصية عن موقفك المتمرد نحو الله، وعن الخطايا التي نتجت عن ذلك.

وإليك هذا الإعتراف الذي أقترحه ليعبر عن التوبة التي يطلبها الله:

أنا أتخلى وأتراجع عن كل عصيان وعناد وتمرد وعن كل خطية، وأسلم نفسي لك لتكون رباً على حياتي.

٣- إستقبل مغفرة لكل خطاياك

الخطية التي لم تغفر بعد، هي العائق الأكبر الذي يمنع بركة الله عن حياتنا. لقد وفر الله لنا نعمة غفران الخطايا، لكنه لن يفعل ذلك قبل أن نعترف بها!

ربما أعلن الله لك خطية معينة جعلتك عُرضة للعنة ما. إن كان كذلك، إعترف بتلك الخطية (أو الخطايا) بشكل محدد. لأنه مكتوب في (١ يوحنا ١ : ٩):

«إِنِ اعْتَرَفْنَا بِخَطَايَانَا فَهُوَ أَمِينٌ وَعَادِلٌ، حَتَّى يَغْفِرَ لَنَا خَطَايَانَا وَيُطَهِّرَنَا مِنْ كُلِّ إِثْمٍ».

٤- إغفر لجميع الناس الذين أساءوا إليك في الماضى وظلموك

عائق آخر كبير يمكن أن يبعد بركة الله عن حياتنا، هو عدم الغفران للآخرين في داخل قلوبنا. إن المغفرة لشخص آخر ليست في المقام الأول شعوراً أو عاطفة، بل هى قرار.

إسأل الله أن يذكرك بأي شخص أنت تحتاج أن تغفر له. والروح القدس سيقودك لإتخاذ القرار المناسب، لكنه لن يتخذ القرار بدلاً عنك. عبر عن قرارك بكلمات منطوقة. قل بصوت مسموع: "يارب، أنا أغفر ل........" (مسمياً إسم الشخص أو الأشخاص).

٥- أرفض كل تعامل أو إتصال بالسحر أو بالشيطان

وهذا يشمل مجالاً واسعاً من الأنشطة والممارسات. إن كنت قد إشتركت في أي وقت في مثل هذه الأنشطة والممارسات، فقد عبرت حدوداً خفية إلى مملكة الشيطان. ومنذ ذلك الوقت، سواء كنت تعرف ذلك أم لا، فقد إعتبرك الشيطان واحداً من أتباعه. إنه يعتبر أن لديه حق قانوني بالمطالبة بك!

وبما أن ملكوت الله ومملكة الشيطان متناقضتان تماماً، فلا يمكنك أن تتمتع بكامل حقوقك وإمتيازاتك كمواطن في ملكوت الله، حتى تقطع كل إتصال وإرتباط بالشيطان بشكل نهائي، لاغياً بذلك جميع حقوقه عليك.

وإذا كنت غير متأكد من طبيعة نشاط معين، إسأل الله لكي يوضح لك. وتحتاج أيضاً إلى التخلص من جميع الأشياء التي تربطك بالشيطان بأي شكل من الأشكال.

وهذا يشمل كافة الصور، والسحر، والكتب .... إلخ، ينبغي أن تُحرق أو تُحطم أو تُدمر بطريقة ما.

٦- أنت الآن على إستعداد لتصلي صلاة التحرر من أي لعنة

من المهم أن تبني إيمانك على أساس واحد فقط لنوال رحمة الله: **وهو ما قدمه لك يسوع من خلال ذبيحته على الصليب**. إذ لم تكن "تستحق" التحرير. ولا تحتاج إلى كسب تحريرك بقوتك.

هذه هي الصلاة المناسبة:

أيها الرب يسوع المسيح، أنا أومن بأنك أنت إبن الله والطريق الوحيد إلى الله، وإنك مُت على الصليب من أجل خطاياي وقمت من بين الأموات. أنا أتخلى وأتراجع عن كل عصيان وعناد وتمرد وعن كل خطية وأسلم نفسي لك لتكون رباً على حياتي.

أنا أعترف بكل خطاياي أمامك، وأسالك أن تغفر لي – خاصة تلك الخطايا التي جعلتني أتعرض للعنة. حررني أيضاً من نتائج خطايا آبائي وأجدادي.

بقرار أتخذه بكامل إرادتي، أنا أغفر لكل من أساء إليَّ أو ظلمني – كما أن الله يغفر لي خطاياي. وبشكل خاص،

أنـا أعلن غفراني لـ.......... (إسم الشخص أو الأشخاص).

أنـا أرفض وأتخلى عن كل إتصال ليِّ بالسحر أو بالممارسات الشيطانية. وإن كان لدى أي "أشياء تربطني بتلك الممارسات". أنا أتعهد بتدميرها والتخلص منها. أنا ألغي كل حق للشيطان في حياتي.

أيها الرب يسوع، أنا أومن بأنك على الصليب، حملت كل لعنة يمكن أن تأتي على في أي يوم من الأيام. لذلك أنا أطلب الآن أن تحررني من كل لعنة على حياتي - بإسمك، أيها الرب يسوع المسيح أطلب هذا!

والآن أنا أقبل بالإيمان تحريري وأشكرك من أجله.

٧- صدق الآن إنك قد قبلت بركة الله وإمضي قدماً فيها

لا تحاول في هذه المرحلة أن تحلل الشكل الذي ستكون عليه بركة الله التى ستنالها أو كيف سيمنحك الله إياها. إترك ذلك بين يدي الله. ليفعل هو ما يشاء وكيف ومتى يشاء. لا تتعب نفسك بشأن ذلك. والمطلوب منك هو ببساطة أن تفتح نفسك، بلا تحفظ، لكل ما سيعمله الله فيك ولأجلك، من خلال فيض بركته. سيكون أمراً مثيراً أن تراقب وترى كيف يتجاوب الله معك!

الفصل التاسع
من الظلمات إلى النور

إن إتبعت الإرشادات التي وردت في الفصل السابق، تكون بذلك قد عبرت الحدود الخفية خارجاً من مملكة الشيطان. تاركاً خلفك منطقة يخيم عليها لعنات مختلفة من مصادر عديدة ومتنوعة. والآن أمامك منطقة يشع فيها نور بركات الله.

لديك ميراث في المسيح ينتظر من يكتشفه ويطالب به. أنظر مرة أخرى إلى ملخص البركات التي قدمها موسى النبي في سفر (التثنية ٢٨: ٢ –١٣):

- الرفعة
- الفيض المادي
- الصحة
- الإنتصار
- الإثمار
- رضى الله

وأنت تردد هذه الكلمات ، إسأل الله أن يجعل هذا الميراث حقيقياً وحياً وحياً بالنسبة لك . تذكر أن شكرك لله على كل جزء فيه ، هو أنقى وأبسط تعبير عن الإيمان . إن كنت قد عانيت طويلاً من لعنة ما على حياتك ، فربما تكون هناك مناطق في ذهنك لم تفارقها الظلمة بشكل فوري . لذلك فإن تكرار هذه الكلمات الإيجابية التي تصف البركات ، تبدو كرؤية الخيوط الأولى للشمس التي تسبق إشراقها على وادي مظلم . ثم تنتشر تلك الخيوط المشعة حتى يملأ النور المكان كله .

إن العبور من الظلمة إلى النور قد يتخذ أشكالاً مختلفة . فليس هناك نمط واحد يمكن أن يعتبر مقياساً يناسب الجميع . بعض الناس يختبرون تحريراً شبه لحظي ، ويبدو إنهم يدخلون فوراً إلى البركات التي وعد بها الكتاب المقدس . وآخرون لا يقلون إخلاصاً عن غيرهم ، قد يختبرون صراعاً طويلاً صعباً ، خصوصاً إن كانوا قد تورطوا إلى درجة كبيرة في السحر والعرافة .

منظور الله يختلف عن منظورنا . في سيادته ، هو يضع في إعتباره عوامل لا نعرف نحن شيئا عنها . فالله يحافظ

على وعوده دائماً، ولكن في معظم الحالات هناك أمران لا يكشف عنهما مقدماً: الطريقة المعينة التي سيتعامل بها في حياة كل إنسان، والوقت المحدد الذي سيأخذه.

ربما نحتاج أن ننظر مرة أخرى إلى الجانب الإيجابي من المبادلة التي يصفها بولس في (غلاطية ٣: ١٣–١٤):

«الْمَسِيحُ افْتَدَانَا مِنْ لَعْنَةِ النَّامُوسِ، إِذْ صَارَ لَعْنَةً لِأَجْلِنَا، لِأَنَّهُ مَكْتُوبٌ: «مَلْعُونٌ كُلُّ مَنْ عُلِّقَ عَلَى خَشَبَةٍ». لِتَصِيرَ بَرَكَةُ إِبْرَاهِيمَ لِلْأُمَمِ فِي الْمَسِيحِ يَسُوعَ، لِنَنَالَ بِالإِيمَانِ مَوْعِدَ الرُّوحِ».

ويشير بولس هنا إلى ثلاث حقائق هامة تتعلق بالبركة الموعودة:

أولاً، البركة ليست أمراً غامضاً أو غير محدد. بل هى محددة بأنها: «بَرَكَةُ إِبْرَاهِيمَ». وفي سفر (التكوين ٢٤: ١) يحدد مجالها: «. . . .وَبَارَكَ الرَّبُّ إِبْرَاهِيمَ فِي كُلِّ شَيْءٍ».

ثانياً، تأتى البركة "في المسيح يسوع" فقط. لا يمكن الحصول عليها بإستحقاقاتنا الشخصية. لكنها مقدمة لنا فقط على أساس واحد هو العلاقة مع الله من خلال يسوع المسيح.

ثالثاً، للبركة تحديد أكثر وضوحاً بإعتبارها «مَوْعدَ الـرّوحِ (القدس)». فالأقانيم الثلاثة الله – الآب والإبن والـروح القدس – متحدون في هدف أزلي واحـد هو مشاركتنا بكل ما أشتراه لنا يسوع بذبيحته الكفارية. ولأن ذلك أكبر بكثير مما يمكن للعقل الطبيعي أن يستوعبه، لذلك علينا الإعتماد على الروح القدس لكي يقودنا إلى ميراثنا الكامل، ويرينا كيف نمتلك ما قدمه الله لنا.

وفـي (روميـة ٨: ١٤) يؤكد بولس على الـدور الفريد الذي يقوم به الروح القدس فيقول:

«لأَنَّ كُلَّ الَّذِينَ يَنْقَادُونَ بِرُوحِ اللهِ، فَأُولئِكَ هُمْ أَبْنَاءُ اللهِ».

أن "تقاد بالروح القدس" ليس إختباراً لحظياً منفرداً، وهو ليس خبرة واحدة تصلح للجميع. إنه أمر يجب أن نعتمد عليه لحظة بلحظة، لأنه المعبر الوحيد نحو النضوج الروحي.

الـروح القدس يعطي التمييز لمعرفة أسباب معوقات الطريق الروحي، وعادة ما تكون الطاعة للإرشادات اللاحقة، هى دائماً عنصراً جوهرياً في التحرك بفعالية في

البعد الروحي .

في ولاية ساراواك الماليزية الشرقية، شعب إيبان هم الجماعة العرقية الأكبر في المنطقة. وقد تأثرت ثقافة هذا الشعب بقوة بالممارسات الروحانية، بما في ذلك اللعنات وإستخدام السحر المتوارث من الأجداد لغرض الحماية وأعمال السحر .

وكانت رسالة التحرر من عبودية مثل تلك الأمور، كان لها في الواقع تأثيراً كبيراً فيما بينهم. في عدد من القرى، بينما كان يُكرز برسالة الإنجيل، كان هناك الكثير من الإعتراف والتوبة، وكثيرون منهم تحرروا من الأرواح الشريرة أثناء الصلاة. ومن كل مكان، تم جمع كيس كبير من كتب السحر المتوارثة من الأجداد وتم حرقها بالكامل .

ولكن في مكان واحد، حتى بعد القيام بذلك، كان هناك شعور بأنه مازال هناك معقل للأرواح الشريرة في أحد المنازل المرتفعة، ولم يتم التعامل معها بشكل صحيح. فالروح القدس قادهم لعمل ما أسموه مسيرة أريحا حول هذا المنزل المرتفع حيث كانوا. وبالضبط وفي المرة السابعة صاح القائد "قفوا!". وعلى الفور، تحطمت التعويذة

السحرية على الأرض ، التي كانوا لا يعرفونها . وبهذا الأمر سقط السحر الأقوى في القرية . وبعد أن حُرقت هذه أيضاً ، صار هناك غمر من السلام والفرح الذي أتى على كل الشعب .

هذا السلام والفرح نفسه يمكن أن يكون لك ، إذا تعلمت السير في طاعة الروح القدس ، وتعلمت كيف تتحدث بثقة عن وعود كلمة الله وتنطق بها . في صلاة التحرير في الفصل الثامن ، كان التركيز الأساسي ينصب على الحقيقة المعلنة في (عبرانيين ٣ : ١) يقول:

«. . . لَاحِظُوا رَسُولَ اعْتِرَافِنَا (أي يسوع) وَرَئِيسَ كَهَنَتِهِ الْمَسِيحَ يَسُوعَ» .

هذا المبدأ يجب أيضاً أن يحكم علاقتنا المستمرة مع الرب . ففي كل موقف نواجهه ، علينا أن نتجاوب بإستخدام إعتراف كتابى مناسب ، والهدف من ذلك هو طلب مساعدة يسوع المستمرة لنا ، كرئيس كهنة .

في معظم الحالات هناك ثلاثة إحتمالات:

إما أن نعلن إعترافاً إيجابياً مستنداً على الإنجيل ، أو إعترافاً سلبياً . أو أن لا نعلن أي إعتراف مطلقاً .

فإذا قدمنا إعترافاً إيجابياً مستنداً على الإنجيل، نحن نطلق بذلك خدمة يسوع لمساعدتنا وتلبية إحتياجنا.

وإذا لم نعلن أي إعتراف، نكون متروكين لرحمة الظروف. أما إذا أعلنا إعترافاً سلبياً، فنحن نُعرض أنفسنا لقوات شيطانية شريرة.

من المهم أن نميز بين الإعتراف المستند على الإنجيل، والنابع من الإيمان الحقيقي. وبين أشياء أخرى كتلك التي تشبه التمني وكالتفكير الإيجابي.

فهناك ثلاثة فروق رئيسية:

أولاً، "الإعتراف" بالمعنى الكتابي يمكن حصره من خلال وعود وإعلانات الكتاب المقدس. ويتضمن ذلك أن نقول بأفواهنا ما قاله الله بالفعل في كلمته. ولا يمكننا تجاوز ذلك.

ثانياً، الإعتراف محدود أيضا بالشروط المقترنة بالوعد الكتابي. وهى ليست بديلاً عن الطاعة.

ثالثاً، لا يمكن إختزال الإعتراف إلى نظام تقليدي يعمل وفق الإرادة البشرية أو الإيمان العقلي. لا يمكننا التلاعب مع الله.

فبحسب (رومية ١٠: ١٠) يكون الإعتراف فعالاً فقط عندما يصدر عن الإيمان بالقلب:

«لأَنَّ الْقَلْبَ يُؤْمَنُ بِهِ لِلْبِرِّ، وَالْفَمَ يُعْتَرَفُ بِهِ لِلْخَلاَصِ».

يَنْتَجُ الإيمـان الحقيقي في القلب فقط بواسطة الروح القدس، وهو يُنتِجُ كلمـات مليئة بالقوة لإتمـام مـا تم الإعتراف به.

وتشجعنا الرسالة إلى العبرانيين في (عبرانيين ١٠: ٢٣) على المثابرة في الإعتراف:

«لِنَتَمَسَّكْ بِإِقْرَارِ الرَّجَاءِ رَاسِخًا، لأَنَّ الَّذِي وَعَدَ هُوَ أَمِينٌ».

وللتعبير المنتصر الكامل عن الإيمـان، هنـاك أسلوب كتابي أكثر تقدماً من مجرد الإعتراف، إنه الإعلان. وهو تأكيد على إيمان قوي وواثق لا يمكن إسكاته بأي شكل من أشكال المقاومة، أو الإحباط أو التفشيل. لأنه يتضمن في داخله إنتقالاً من الموقف الدفاعي إلى موقف الهجوم.

خلال خدمتي روث وأنا، عادة ما نُسأل كيف نحمي

أنفسنا بشكل يومي . نحن نمارس بإنتظام إعلان كلمة الله بصوت عال ، كلاً منا بمفرده أو معاً .

في نهاية هذا الكتاب ، أود أن أخبرك أن هناك قوة هائلة في الإعلان الذي ننطق به ، أنصحك أن تقوم بذلك كل ليلة قبل الذهاب إلى النوم ، لكي تتمكن من العبور من الظلمات إلى النور ، ومن اللعنة إلى ملء بركة الله .

نبذة عن حياة الكاتب

وُلد ديريك برنس في الهند لأبوين بريطانيّين . لقد درس اليونانية واللاتينية في اثنين من أشهر المعاهد التعليمية، جامعة إيتون وجامعة كمبريدج . من ١٩٤٠ إلى ١٩٤٩ حصل على الزمالة في جامعة الملك بكمبريدج وتخصص في الفلسفة القديمة والحديثة. لقد درس العبرية والآرامية أيضا في كل من جامعة كمبريدج والجامعة العبرية في القدس . وبالإضافة إلى ذلك يتحدث ديريك عدداً من اللغات المعاصرة .

في أوائل سنين الحرب العالمية الثانية، بينما كان يخدم مع الجيش البريطاني كمشرف مستشفى، إختبر ديريك برنس لقاء مغير للحياة مع يسوع المسيح . عن هذا اللقاء كتب ديريك برنس: من هذا اللقاء خرجت بنتيجتين لم أقابل ما يجعلني أتغير من جهتهما.

الأولى هى أن يسوع المسيح حي .

والثانية هى أن الكتاب المقدس صادق، عملي وعصري .

هاتان النتيجتان غيرتا مسار حياتي جذريا وبلا رجعة.

في نهاية الحرب العالمية الثانية، ظل ديريك برنس – حيث أرسله الجيش البريطاني – في القدس. في زواجه من زوجته الأولى ليديا، أصبح أبا بالتبني لثماني فتيات كن في بيت ليديا للأطفال. شهدت العائلة معاً إعادة قيام دولة إسرائيل في ١٩٤٨. وبينما كان ديريك وليديا في كينيا يعملان كمعلمَيْن، تبنيا ابنتهما التاسعة – طفلة أفريقية. توفيت ليديا في عام ١٩٧٥، وفي عام ١٩٧٨ تزوج ديريك روث بيكر. لمدة ٢٠ سنة سافرا معاً في كل أنحاء العالم يعلمان الحق الكتابي المعلن ويشاركان الرؤية النبوية في أحداث العالم في ضوء الكتاب المقدس. توفيت روث في ديسمبر ١٩٩٨.

إتجاه ديريك المتجرد من الطائفية والتحيز فتح أبواباً لسماع تعاليمه عند أناس من خلفيات عرقية ودينية مختلفة، وهو معروف دولياً كأحد قادة تفسير الكتاب المعاصرين. يصل برنامجه الإذاعي اليومي، مفاتيح الحياة الناجحة إلى نصف العالم في ١٣ لغة تتضمن الصينية والروسية والعربية والأسبانية.

بعض الكتب الخمسين التي كتبها ديريك برنس قد تُرجمت إلى ٦٠ لغة مختلفة. منذ ١٩٨٩ يوجد تركيز على شرق أوربا ودول الاتحاد المستقلة (الكومنولث والمعروفة بالإتحاد السوفيتي سابقاً) ويوجد أكثر من مليون نسخة متداولة بلغات هذه الدول. مدرسة الكتاب المقدس المسجلة على الفيديو لديريك برنس تشكل أساساً لعشرات من مدارس الكتاب الجديدة في هذا الجزء من العالم الذي لم يكن مخدوماً من قبل.

من خلال البرنامج الكرازي العالمي، وزعت خدمة ديريك برنس مئات الألوف من الكتب وأشرطة الكاسيت للرعاة والقادة في أكثر من ١٢٠ دولة – للذين لم يكن لديهم وسيلة للحصول على مادة تعليمية للكتاب أو لم يكن لديهم المقدرة المادية لشرائها.

يوجد المركز الرئيسي الدولي لخدمة ديريك برنس في شارلوت بولاية شمال كارولينا، ويوجد فروع للخدمة في أستراليا وكندا وفرنسا وألمانيا وهولندا ونيوزيلاندا وسنغافورة وجنوب أفريقيا والمملكة المتحدة ويوجد موزعون في دول كثيرة أخرى.

إصدارات أخرى لديريك برنس بالعربية

<table>
<tr><td>

كتيبـات:

■ الخلاص الكامل

■ المبادلة الإلهية العظمى

■ المحبة المسرفة

■ الروح القدس فينا

■ ومتى صممتم

■ الأبـوة

■ الرفض

■ فكر الله من نحو المال

■ هـل يحتاج لسـانك إلى شفاء؟

■ المصارعة الروحية

■ الدواء الإلهي

■ الصلاة من أجل الحكومة

■ الشكر ـ التسبيح ـ العبادة

</td><td>

كتـب:

■ أسس الإيمان

■ الكفارة

■ الإيمان الذي به نحيا

■ الدخول إلى محضر الله

■ أسرار المحارب في الصلاة

■ أزواج وآباء

■ عهد الزواج

■ شركاء مدى الحياة

■ الحرب في السماويات

■ مواجهة الأيام الأخيرة

■ تشكيل التاريخ

■ دراسـات شـخصية فى الكتاب المقدس

■ العبـور مـن اللعنـة إلى البركة

■ يخرجون الشياطين

</td></tr>
</table>